돈이 되고 빨라지는 노동법

CEO가 읽고 직원에게 추천하는
돈이 되고 빨라지는 노동법

유재관 지음

두드림미디어

프롤로그

　필자가 노무사로 활동하며 느낀 점은 노동법에 대해 대다수의 담당자와 이해관계자들이 어려워한다는 점이었다. 근로개시 시점부터 퇴직 시까지 준수되어야 하는 노동법적 요구사항에 부응하기 위한 여러 가지 법적 기준은 담당자들이 쉽게 이해하기 어렵다거나 친해지기 어려운 구조를 띠고 있다는 것이 불만이자 애로사항이었다.

　노동법을 외면하는 사소한 습관들은 수면 아래 존재하는 잠재적인 위기 발생의 원인이 되고, 이러한 습관들은 스노우볼처럼 걷잡을 수 없이 커져 나중에는 기업의 존립을 위태롭게 할 정도의 커다란 위기를 야기하는 쓰나미가 된다.

　필자가 이 책의 제목을 '돈이 되고 빨라지는 노동법'으로 정한 것은 이러한 이유에 있다. 잠재적인 노동법적 리스크를 제거하는 것은 불필요한 금전적인 지출을 줄이는 효과가 있는 것이고, 반대로 잠재적인 노동법적 리스크를 제거하지 못한다면, 이는 눈덩이처럼 커져서 기업이 감당할 수 없는 막대한 금전적인 손실로 이어질 수 있다. 또한, 담당자의 업무 효율은 올바른 노동법의 인식을 통해 비약적인 개선이 가능하고 업무 처리 능력 또한 상승해서 빠른 일처리가 가능할 것이나, 그렇지 못한다면 업무에 끌려가며 비효율적인 시간의 소비가 야기될 수밖에 없는 것이다. 이 책을 통해 금전적인 손해를 방지하고 업무적인 효율성을 달성함으로써 돈과 시간이라는 두 마리 토끼를 모두 잡을 수 있게 되기를 바라며 집필했다.

이 책은 근로자의 채용부터 퇴직까지 전 과정에서 발생할 수 있는 노동법적인 이슈를 모두 다루었다. 이 책 하나로 고용관계 전체를 한눈에 볼 수 있고 고용관계에서 발생하는 문제를 해결할 수 있는 지침서가 되기를 희망한다. 기업체 대표, 인사담당자, 직장인 모두에게 쉽게 접근할 수 있고 조금이나마 도움이 되는 노동법 저서가 되기를 진심으로 바란다.

끝으로 부족한 원고임에도 출판의 기회를 주신 두드림미디어 한성주 대표님 이하 관계자 여러분과 바쁜 시간을 쪼개어 기꺼이 원고를 검토해준 류병훈 노무사님, 박흥열 팀장님, 서동권 팀장님께 감사의 말씀을 전하고, 사랑하는 서연이, 서준이에게 이 책을 바친다.

유재관

목차

프롤로그   4

I. 인사노무 근로기준법으로 시작하자

1. 노동법에 대해 알아보자   13
2. 회사에 반드시 비치해야 하는 계약서류의 종류   17
3. 근로기준법 위반 시 어떤 제재가 있나요?   22
4. 근로기준법상 근로자란 누구인가?   26
5. 근로기준법상 사용자의 범위   30
6. 사업장의 규모에 따라 근로기준법의 적용 범위가 다르다   35

II. 근로자를 모집하고 채용하면 근로계약을 체결하자

1. 모집·채용 시에도 법률 기준을 준수하자   41
2. 근로계약의 체결부터 시작하자   47
3. 대학교를 졸업하면 채용하기로 한 채용내정의 효력   53
4. 수습사원으로 입사하면 정규직인가요?   57
5. 학생 아르바이트도 권리를 보호하자   61
6. 외국인 근로자의 고용 – 알기 쉬운 외국인 고용 절차   66
7. 우수인재 채용을 위한 '사이닝 보너스, 리텐션 보너스' 지급과 반환 약정의 효력   79
8. 의무재직기간과 연수비반환 약정의 효력   83
9. 영업비밀 보호를 위한 경업금지약정   85

III. 근로시간과 휴식시간을 준수하며 일하자

1. 근로시간과 연장근로의 제한   93
2. 휴게시간·근로시간 여부 및 실근로시간 판단   97
3. 유연근무제도 – 선택적 근로시간제   102
4. 유연근무제도 – 재량 근로시간제   105
5. 유연근무제도 – 재택근무제   110
6. 감시단속적 근로자의 근로시간, 휴게와 휴일 적용 제외   113

IV. 휴일과 휴가를 부여하며 균형 있게 일하자

1. 근로기준법에 따라 연차유급휴가를 부여할 의무   119
2. 연차유급휴가의 편리한 운영을 위한 '회계연도 기준' 부여   123
3. 연차유급휴가 미사용 수당   129
4. 연차유급휴가 사용촉진제도   132
5. 저출산 시대 산전후휴가는 반드시 보장 의무   138
6. 경조사휴가의 부여 기준   141
7. 병가의 부여 기준   144
8. 주휴일과 공휴일(달력상 빨간날)   147
9. 주휴일, 공휴일의 다른 날 대체   151

V. 일한 만큼 보상하고 법에 맞는 임금을 지급하자

1. 임금이란 – 한번 주면 계속 주어야 하나?   157
2. 통상임금과 정기·일률·고정성   161

3. 임금지급의 4대 원칙 … 164
4. 최저임금은 꼭 지켜주셔야죠 … 170
5. 이슈가 되고 있는 포괄임금제 … 174
6. 임금의 반납, 삭감, 동결 … 178
7. 퇴직금의 지급 기준 … 183
8. 퇴직금 중간정산 … 187
9. 임금체불과 진정 … 194

VI. 징계, 해고, 퇴직 처분은 신중하게 결정하자

1. 징계의 종류와 한계 … 199
2. 대기발령 처분과 징계 … 203
3. 전보, 전직 등 배치전환과 징계 … 208
4. 전적처분과 징계 … 212
5. 징계해고의 제한 … 216
6. 저성과자에 대한 해고 … 219
7. 엄격한 요건을 갖춰야 하는 정리해고 … 224
8. 해고하려면 미리미리 알려라 … 236
9. 부당해고 등의 구제신청 … 240

VII. 비정규직근로자의 활용 시 법률 기준을 준수하자

1. 비정규근로자(기간제, 단시간, 파견근로자) … 247
2. 기간제근로자의 사용기간 제한 … 251
3. 단시간근로자의 연장근로 … 254

4. 기간제근로자의 갱신기대권 258
5. 파견근로자의 사용 제한 262
6. 비정규직 근로자에 대한 차별 처우 금지 267

VIII. 인사, 노무, 경영, 재해 등 다양하게 알아보자

1. 영업양도 – 사업이 양도되면 근로자는? 273
2. 기업 분할과 근로자의 동의 277
3. 고용노동부 점검 – 두렵고 피하고 싶은 고용노동부 점검 이렇게 대비하자 280
4. 번거로운 법정의무교육 바로 알기 284
5. 채용부터 퇴직까지 개인정보보호법을 준수하자 291
6. 임금명세서 교부 의무 296
7. 직장 내 성희롱 금지 300
8. 직장 내 괴롭힘 금지 306
9. 업무상 재해 – 사업장에서 근무 중 사고가 발생했어요 311
10. 출퇴근 중의 사고도 산재가 되나요? 314
11. 과로로 인한 뇌출혈도 산재로 인정받을 수 있나요? 318

IX. 취업규칙을 작성해서 사업장의 기준을 세우자

1. 취업규칙이란? 325
2. 취업규칙 신고 절차 329
3. 취업규칙의 기재사항과 신고 대상 332
4. 취업규칙의 변경 – 불리한 변경과 불리하지 않은 변경 336

1
인사·노무
근로기준법으로 시작하자

1
노동법에 대해 알아보자

노동법이 만들어진 이유는 무엇인가

근로자는 여러 가지 법률에 의해 보호를 받고 있습니다. 대표적으로는 근로기준법, 노동조합 및 노동관계조정법, 산업재해보상보험법, 최저임금법 등 근로자를 보호하기 위해 많은 법률이 있는데, 노동법이라는 명칭의 별도 법률은 없습니다. 이러한 근로자를 보호하는 법률을 모두 통칭해서 '노동법'이라고 부르고 있는 것입니다.

사용자와 근로자 간에 서로 동의한다면 노동법은 필요하지 않다고 생각하는 사람들이 많았고, 이전에는 근로조건의 결정을 당사자 간에 자유롭게 합의해서 결정하는 것이지, 법으로 규정해서 강제할 것이 아니라고 여겨, 지금과 같은 노동법이라 불리는 법률들이 존재하지 않았습니다. 그렇다면 왜 지금과 같은 법률들이 생겨난 것일까요? 그 이유는 사용자와 근로자 간에 계약조건을 정하도록 자유롭게 두는 경우, 사용자보다 상대적인 약자일 수밖에 없는 근로자에게 불리한 조건이 결정되는 것은 피할 수 없기 때문입니다. 그렇기에 법률에 따라서 상대적으로 약자인 근로자를 보호하고 인간다운 생활을 영위할 수 있도록 노동법이 만들어진 것입니다.

근로기준법은 민법의 특별법이다

근로기준법은 열악한 근로조건을 향상시키기 위해서 국가가 개입해서 근로조건에 대해 최저기준을 지키기 위해서 만들어진 법률입니다. 근로기준법의 이념은 근로자가 인간다운 생활을 영위하기 위해서 근로조건의 기준을 정하는 것에 있습니다.

근로기준법 등 노동법이 생기기 전까지는 민법에 따라 사용자와 근로자 간의 문제를 처리해왔습니다. 민법은 사인 간의 문제에 대해 정하고 있는 법률로서, 민법에는 계약의 자유라고 하는 원칙이 있어 당사자 간의 계약은 다른 법률의 개입 없이 자유롭게 할 수 있고, 국가 또한 개입하지 않은 것을 원칙으로 합니다. 그러나 근로기준법은 이러한 원칙을 수정해서 국가의 개입을 통해 근로자를 보호하는 법률로서 제정된 것입니다. 다만 근로기준법이 제정되었다고 해서 민법의 적용이 전면적으로 배제되는 것은 아니고 근로기준법 등 노동법에 규정이 없는 것에 대해서는 여전히 민법이 적용되고 있습니다.

우리나라 주요 노동법의 종류

1) 개별적 근로관계법

근로기준법(1953), 산업재해보상보험법(1963), 산업재해보상보험업무 및 심사에 관한 법률(1963), 산업안전보건법(1981), 진폐의 예방과 진폐근로자의 보호 등에 관한 법률(1984), 최저임금법(1986), 남녀고용평등법(1987), 임금채권기금법(1998), 파견근로자 보호 등에 관한 법률(1998)

2) 집단적 근로관계법

노동조합 및 노동관계조정법(1953/노동조합법+노동쟁의조정법->1997), 노동위원회법(1953), 근로자 참여 및 협력 증진에 관한 법(1980/노사협의회법->1997), 공무원 직장협의회 설립 운영에 관한 법(1998)

3) 고용 관련 법

직업훈련기본법(1981), 직업안정법(1994), 고용정책기본법(1993), 고용보험법(1993)

무엇이든 물어보세요!

Q 근로자를 해고하는 경우 민법과 근로기준법의 관계를 고려해서 어떻게 다르나요?

A 근로기준법은 민법의 특별법으로서 근로자 보호에 초점을 맞추고 있고 민법보다 우선해서 적용됩니다. 따라서 근로기준법이 민법보다 근로자에 대한 해고 처분을 더욱 엄격하게 규정하고 있습니다.

민법상 고용계약의 해지는 언제든지 가능하고 1개월이 경과하면 효력이 발생하며 구두 통보도 유효합니다. 반면 근로기준법에서는 정당한 사유가 있는 경우에만 근로자를 해고할 수 있으며, 반드시 사유 및 시기를 명시한 후 서면으로 해고통지를 한 경우에만 해고 처분이 유효합니다.

2

회사에 반드시 비치해야 하는 계약서류의 종류

비치를 요구하는 서류는 작성 보관해야 하고 임의로 파기하면 안 된다

회사에는 다양한 서류가 존재합니다. 그런데 이렇게 많은 서류를 반드시 작성해서 보관해야 하는지, 작성된 서류 중 근로자 퇴사 등의 사유로 더 이상 불필요하다고 느껴지는 서류는 파기할 수 있는지에 대해 고민하는 회사 담당자들이 많습니다.

노동법에서는 근로계약서를 포함한 다양한 종류의 관련 서류를 작성하고 보존할 의무를 규정하고 있습니다. 이는 근로관계에서의 서류를 구비하고 보존하게 함으로써 회사가 법에서 정하고 있는 근로조건 등을 준수하고 있는지의 여부를 확인하고 향후 사업장에서 분쟁이 발생할 경우, 이에 대한 판단 자료로써 활용하고자 하는 취지가 있기 때문입니다. 결국 노동법에서 작성을 요구하고 비치를 의무화하고 있는 서류들은 임의적으로 파기할 수 없음을 명심해야 합니다.

비치 서류 목록

비치 서류 목록은 노동법 전반에 걸쳐 명시되어 있는데, 서류를 잘 갖추고 있는지는 고용노동부 정기점검 시 집중 적발 대상입니다. 매년 정기적으로 실시되는 고용노동부의 사업장 근로감독은 사업장에 근로감독을 통보하고 공문을 통해 사전에 준비서류 목록을 명시하는 구조로 이루어집니다. 올바른 고용노동부 정기점검을 대비하고 법에서 정하는 의무를 다하기 위해서는 정확한 서류 보존 및 기간 준수가 필요할 것입니다.

비치 서류 목록 및 보존기간

구분	보존기간	근거법령	벌칙규정
근로계약서	근로관계가 끝난 날로부터 3년	근로기준법 제42조 근로기준법 시행령 제22조	500만 원 이하의 과태료
급여대장	마지막 급여 기록으로부터 3년		
근로자명부	근로자 해고·퇴직·사망한 날로부터 3년		
고용·해고·퇴직에 관한 서류	근로자 해고·퇴직한 날로부터 3년		
서면합의서 (근로시간 관련)	서면 합의한 날로부터 3년		
연소자 증명 서류	연소자가 만 18세가 되는 날 또는 그 이전 해고·퇴직·사망한 경우 그날로부터 3년		

구분	보존기간	근거법령	벌칙규정
임금 결정 및 지급 방법과 임금 계산 기초에 대한 서류	완결한 날로부터 3년	근로기준법 제42조 근로기준법 시행령 제22조	500만 원 이하의 과태료
승진이나 감급에 관한 서류			
휴가 사용 기록 (연차유급휴가 대장)			
모집·채용, 교육·배치, 정년 등에 관한 서류	3년	남녀고용평등과 일·가정 양립 지원에 관한 법률 제33조 남녀고용평등과 일·가정 양립 지원에 관한 법률 시행령 제19조	300만 원 이하의 과태료
직장 내 성희롱 예방교육 실시 내역을 알 수 있는 서류			
직장 내 성희롱 행위자에 대한 징계 등 조치에 관한 서류			
배우자 출산휴가 청구 및 허용에 관한 서류			
육아휴직 신청 및 허용에 관한 서류			
육아기 근로시간 단축의 신청 및 허용에 관한 서류, 허용하지 아니한 경우 그 사유의 통보 및 협의 서류, 육아기 근로시간 단축 중의 근로조건에 관한 서류			
퇴직금 중간정산에 관한 증명 서류	5년	근로자 퇴직급여 보장법 제8조 근로자 퇴직급여 보장법 시행령 제3조	-

구분	보존기간	근거법령	벌칙규정
고충사항 접수·처리 대장	남녀고용평등에 관한 사항은 3년 그 외 1년	근로자참여 및 협력증진에 관한 법률 제9조 남녀고용평등과 일·가정 양립 지원에 관한 법률 시행령 제18조	-
노사협의회 회의록	작성일로부터 3년	근로자참여 및 협력증진에 관한 법률 제19조	-
산업재해 조사표 사본, 또는 요양신청서 사본, 재해 재발 방지 계획	3년	산업안전보건법 산업안전보건법 시행령	300만 원 이하의 과태료
안전보건관리책임자·안전관리자·보건관리자·산업보건의 선임에 관한 서류			
산업안전보건위원회 회의록			
안전·보건상 조치 사항			
화학물질의 유해성·위험성 조사에 관한 서류			
작업환경측정에 관한 서류	5년 (고용노동부 장관이 정해 고시하는 물질을 취급하는 자는 30년)		
건강진단에 관한 서류			

구분	보존기간	근거법령	벌칙규정
장애인 인식개선 교육 관련 자료	3년	장애인고용촉진 및 직업 재활법 제5조의3	1,000만원 이하의 과태료

무엇이든 물어보세요!

Q 근로자가 퇴직 후 경력증명서를 요구하는 경우 반드시 발급해주어야 하나요?

A 네, 맞습니다. 사용자는 근로자가 퇴직한 후라도 사용기간, 업무종류, 지위와 임금, 그 밖에 필요한 사항에 관한 증명서를 청구하면 사실대로 적은 증명서를 발급해주어야 합니다. 이때 증명서에는 근로자가 요구한 사항만을 기재해야 하는바 근로자가 요구하지 않은 징계기록, 퇴직 사유 등을 기재하는 것은 법 위반이 될 수 있으므로 주의해야 합니다.

3

근로기준법 위반 시
어떤 제재가 있나요?

근로기준법 위반 시 형사처벌 대상이 된다

근로기준법은 근로자가 근로하는 데 임금, 근로시간, 휴일 등 근로조건의 최저기준을 보호하기 위해 제정된 법률입니다. 근로조건에 하회해서 결정된 임금(최저임금 이하로 체결된 임금), 근로시간(법정근로시간 한도를 초과한 시간), 휴일(법상 보호되는 연차유급휴가를 포기하는 약정) 등 근로기준법을 위반하는 경우, 그 부분에 대해서는 근로계약이 무효가 됩니다(근로계약 전체를 무효로 하는 경우 근로자가 직장을 잃어버리는 결과가 초래되는바 근로기준법 위반의 부분만 무효가 됨). 무효가 된 부분은 근로기준법에서 정하고 있는 기준이 적용됩니다. 예컨대 "우리 회사는 연차유급휴가가 없다"라고 정했다고 하더라도 해당 부분은 무효에 해당하며, 자동적으로 근로기준법상 연차유급휴가의 권리가 발생하게 되는 것입니다.

또한 근로기준법에서는 당사자 간의 약정을 무효로 하는 것 이외에도 벌칙 규정을 두고 있어 사업주를 처벌하고 있습니다. 정해놓은 벌칙은 위반행위에 따라 그 처벌 정도가 다르나 최고 5년 이하의 징역 또는 5,000만 원 이하의 벌금에 해당할 수 있을 정도로 무거운 형벌을 정하고 있으므로 주의가 필요합니다.

근로기준법 위반 시 주요 벌칙

근로기준법상 주요 벌칙 기준

위반 시 처벌 내용	관련 규정
5년 이하의 징역 또는 5,000만 원 이하 벌금	제7조(강제 근로의 금지), 제8조(폭행의 금지), 제9조(중간착취의 배제), 제23조(해고 등의 제한), 제40조(취업 방해의 금지)
3년 이하의 징역 또는 3,000만 원 이하의 벌금	제36조(금품 청산), 제43조(임금지급), 제44조(도급 사업에 대한 임금지급), 제44조의2(건설업에서의 임금지급 연대책임), 제46조(휴업수당), 제51조의3(근로한 기간이 단위 기간보다 짧은 경우의 임금 정산), 제52조(선택적 근로시간제), 제56조(연장·야간 및 휴일 근로), 제72조(갱내근로의 금지), 제76조의3(직장 내 괴롭힘 발생 시 조치)
2년 이하의 징역 또는 2,000만 원 이하의 벌금	제10조(공민권 행사의 보장), 제22조(강제 저금의 금지), 제26조(해고의 예고), 제50조(근로시간), 제51조의2(3개월을 초과하는 탄력적 근로시간제), 제52조(선택적 근로시간제), 제53조(연장 근로의 제한), 제54조(휴게), 제55조(휴일), 제59조(근로시간 및 휴게시간의 특례), 제60조(연차유급휴가), 제64조(최저 연령과 취직인허증), 제69조(근로시간), 제70조(야간근로와 휴일근로의 제한), 제71조(시간외근로), 제74조(임산부의 보호), 제75조(육아 시간), 제78조(요양보상), 제79조(휴업보상), 제80조(장해보상), 제82조(유족보상), 제83조(장례비), 제104조(감독 기관에 대한 신고)
1년 이하의 징역 또는 1,000만 원 이하의 벌금	제31조(구제명령 등의 확정)
1,000만 원 이하의 벌금	제45조(비상시 지급)

위반 시 처벌 내용	관련 규정
500만 원 이하의 벌금	제6조(균등한 처우), 제16조(계약기간), 제17조(근로조건의 명시), 제20조(위약 예정의 금지), 제21조(전차금 상계의 금지), 제22조(강제 저금의 금지), 제47조(도급근로자), 제53조(연장 근로의 제한), 제67조(근로계약), 제70조(야간근로와 휴일근로의 제한), 제73조(생리휴가), 제74조(임산부의 보호), 제77조(기능 습득자의 보호), 제94조(규칙의 작성, 변경 절차), 제95조(제재 규정의 제한), 제100조(부속 기숙사의 설치·운영 기준), 제103조(근로감독관의 의무), 제96조(단체협약의 준수)
1,000만 원 이하의 과태료	제76조의2(직장 내 괴롭힘의 금지)
500만 원 이하의 과태료	제13조(보고, 출석의 의무), 제14조(법령 주요 내용 등의 게시), 제39조(사용증명서), 제41조(근로자의 명부), 제42조(계약 서류의 보존), 제48조(임금대장 및 임금명세서), 제66조(연소자 증명서), 제74조(임산부의 보호), 제76조의3(직장 내 괴롭힘 발생 시 조치), 제91조(서류의 보존), 제93조(취업규칙의 작성·신고), 제98조(기숙사 생활의 보장), 제99조(규칙의 작성과 변경), 제51조의2(3개월을 초과하는 탄력적 근로시간제), 제102조(근로감독관의 권한)

무엇이든 물어보세요!

Q 법도 모르고 임금을 잘못 계산해서 임금체불이 발생했는데 형사처벌이 되나요?

A 임금체불에 고의성이 있는지의 여부가 처벌로 이어질 것인가에 대한 중요한 요소로 작용합니다. 법원에서도 '임금의 지급 의무와 관련해 다툴 만한 근거가 있는 경우 고의는 인정되지 않는다(대법 2010도14693, 선고일자 : 2011-10-27)'라고 판단하고 있습니다(과거 체불 이력, 체불 금액

의 정도, 체불의 사회적 파급력 등도 판단 요소로 작용할 수 있을 것).

아울러 근로자가 처벌을 원하지 않는 경우 '반의사불벌죄'에 따라 형사처벌 되지 않으므로 근로자와 원만하게 합의해 대응하는 것도 필요할 것입니다.

4

근로기준법상 근로자란 누구인가?

근로자의 정의는 법률에 따라 다르다

근로기준법을 비롯한 노동법에서는 근로자라는 정의가 사용되고 있습니다. 노동법에서는 근로자에 해당하는지에 따라 법률의 보호를 받을 수 있는지의 여부가 달라지는 큰 차이가 발생하게 됩니다. 근로자에 해당하는가는 근로기준법을 비롯한 각각의 법률에 정해져 있는데, 그 기준이 법률에 따라 다르므로 발생한 이슈가 적용되는 법률 기준을 꼼꼼히 살펴볼 필요가 있습니다.

근로기준법에서는 근로자란 '① 직업의 종류와 관계없이, ② 임금을 목적으로, ③ 사업이나 사업장에 근로를 제공하는 자'로 되어 있습니다. 근로자의 범위는 상당히 넓어서 아르바이트, 비정규직 근로자, 파견근로자는 물론, 불법체류자라고 하더라도 상기 요건을 충족한다면 근로기준법의 보호 대상이 됩니다. 또한, 노동조합 및 노동관계조정법에서는 구직자, 해고자도 근로자의 범위에 포함될 수 있습니다.

근로기준법상 근로자의 정의

① 직업의 종류와 관계없이	신분, 계약형식, 근로 형태, 상용직·일용직 근로자 여부를 불문하고 사실상 사용종속관계하에서 근로를 제공하면 근로자에 해당함.
② 임금을 목적으로	임금을 목적으로 근로를 제공해야 함. 만약 임금이 아닌 민법상 위임이나 도급과 같이 사무의 처리나 일의 완성에 대한 대가로서 보수 또는 수수료를 받는 경우라면 근로자에 해당하지 않음.
③ 사업이나 사업장에 근로를 제공하는 자	취업한 상태에서 근로를 제공해야 하므로 실업자는 근로기준법상 근로자가 아님. 또한 사용자의 지휘·명령 등 사용종속관계가 전제되어야 하므로 독립적으로 서비스를 제공하는 자영업자, 개인사업자는 근로자가 아님.

판례에 따른 구체적인 근로자의 판단기준

기본원칙 : 계약의 형식보다는 그 실질에 있어 종속관계 여부를 판단	
종속노동성	사용자의 업무 내용 정함 여부
	취업규칙 적용 여부
	업무수행과정에서의 사용자의 상당한 지휘·감독 여부
	사용자의 근무시간·장소 지정 및 근로자에의 구속 여부
독립사업자성(기술적·조직적·경제적 독립성)	비품·원자재나 작업도구 등 소유 여부
	제삼자의 고용에 의한 업무 대행 여부
	이윤 창출과 손실 초래 등 위험 부담 여부
보수의 근로대가성	보수의 성격이 근로 자체의 대상적 성격 여부
계약관계의 계속성과 전속성	근로 제공관계의 계속성 및 사용자에의 전속성 유무와 그 정도

기타 요소	사회보장제도상 근로자 지위 인정 여부 등 경제·사회적 제 조건
부차적 요소	기본(고정)급 정함 여부
	근로소득세 원천징수 여부
	사회보장제도상 근로자로 인정 여부

회사 임원의 근로자 판단

　근로기준법상 근로자 해당 여부는 종속적인 관계에서 근로를 제공했는지의 여부에 따라 실질을 판단할 것이지, 단지 임원으로서 법인등기부에 등기되었는지의 여부만으로 판단할 것은 아닙니다(물론 등기 임원이 비등기 임원보다 근로자가 부정될 확률은 높을 것이나 그로 인해 바로 근로자가 부정되는 것은 아니라는 취지). 회사의 이사 등 임원의 경우에도 실질에 따라 근로자로 판단될 수 있는 것입니다.

　대법원 2005두524판결에서는 '이사회의 결의를 통해 집행이사로 선임되었으나 실제로는 임원과 동등한 지위와 권한을 부여받지 않았고 대표이사의 지휘·감독하에서 소관 업무를 수행한 자는 근로자에 해당한다(대법원 2005두524)'라고 근로자를 인정한 사례가 있고, 반면 '새마을금고의 이사장과 그 사업주의 관계는 고용관계가 아니기 때문에 이사장의 퇴직급여를 근로기준법상 임금으로 볼 수 없다(대법 2000다61312)'라고 근로자를 부정한 사례가 있습니다.

무엇이든 물어보세요!

Q 근로기준법상 근로자와 노동조합 및 노동관계조정법상 근로자의 차이는 무엇인가요?

A 근로기준법상 근로자는 '임금을 목적으로 사업이나 사업장에 근로를 제공하는 자'로서 사업 또는 사업장에 고용되어 일하고 있는 자(취업 중인자)를 의미합니다. 그러나 노동조합 및 노동관계조정법상 근로자는 '임금·급료 기타 이에 준하는 수입에 의해 생활하는 자'로서 실제로 취업 중인 자를 포함해서 사업 또는 사업장에 고용될 의사를 갖고 있는 자(구직자)까지 포함됩니다.

Q 보험회사에서 보험모집인으로 근무하고 있습니다. 회사에서는 보험모집인은 근로자가 아니므로 연차유급휴가, 퇴직금 등이 없다고 하는데 맞는 것인가요?

A 회사에서 보험모집인은 근로자가 아니라고 결정했다고 하더라도 근무형태가 근로자에 해당한다면 근로기준법의 적용을 받을 수 있습니다. 따라서 근무형태의 실질이 근로자라면 연차유급휴가, 퇴직금 등의 보호를 받을 수 있습니다.

5

근로기준법상
사용자의 범위

근로기준법상 계약 주체로서 사용자

근로기준법상 사용자는 근로계약 체결의 당사자로서 근로자에 대한 노무수령 권한에 따라 업무 지시, 인사명령 및 지휘·명령의 권한이 있습니다. 반면 근로자에 대한 임금지급 의무, 안전 및 보건관리 의무 및 근로기준법 위반 시 처벌의 주체가 될 수 있습니다. 노동법 전반적인 책임의 주체가 됨은 물론, 다양한 권리와 의무가 부여되므로 법률 위반에 대한 책임을 명확히 하기 위해서는 사용자의 범위를 구분할 필요가 있습니다.

다양한 권한과 책임이 부여되는 사용자

사용자의 정의 구분

근로기준법상 사용자는 '사업주 또는 사업경영담당자 기타 근로자에 관한 사항에 대해 사업주를 위해 행위하는 자'라고 규정하고 있습니다.

'사업주'란, 경영 주체 자체로서 개인사업의 경우 개인, 법인사업체의 경우 그 법인을 말합니다.

'사업경영담당자'란, 경영에 관해 책임을 지는 자로서 주식회사의 대표이사, 합명회사 및 합자회사의 업무집행사원, 유한회사의 이사 및 지배인 등이 사업경영담당자로서 사용자에 포함됩니다.

'근로자에 관한 사항에 대해 사업주를 위해서 행위하는 자'란, 인사, 급여, 후생, 노무관리 등과 근로조건의 결정 또는 근로의 실시에 관해서 지휘, 명령이나 감독을 할 수 있는 일정한 책임과 권한이 사업주에 의해 주어진 자로서 회사의 관리자, 임원 등이 포함될 수 있습니다.

사용자의 권한과 책임

① 근로계약 체결의 주체

근로계약서는 근로자와 사용자 간에 서명날인을 통해 작성되는바 근로계약서상 서명의 주체는 사용자가 되는 것이 일반적인 모습입니다. 근로계약 체결 이후부터는 사용자로서의 권리와 의무가 부여되는바 법률 준수를 위한 책임을 인지하고 사업장 관리를 실시해야 합니다.

② 임금지급 의무와 노무수령 권한

사용자는 근로계약에 의해 근로자에게 노무급부 제공을 요구할 수 있고, 노무를 제공한 근로자에게 임금을 지급할 의무가 발생합니다. 임금지급 의무 위반·해태는 곧 임금체불로 인한 처벌로 이어질 수 있는바 임금지급원칙을 철저히 지켜야 할 것이고, 반대로 근로자의 불완

전한 노무 제공에 대해서는 징계권 행사를 통해 경영규율 확보를 위한 노력이 필요합니다.

③ 업무 지휘·명령의 감독 권한

사용자는 근로자에게 업무 이행에 관해 구체적으로 지시하고 이에 대해 감독할 권한을 갖습니다. 이는 특정한 업무의 진행 과정과 관계 없이 완성만을 요구하는 위임·도급 계약과 구별되는 것으로서 근로계약에 따른 사용자의 특수한 권리입니다.

업무 지휘·명령의 감독 시간은 근로기준법상 근로시간에 해당할 수 있고 곧 임금지급의 대상 시간이 될 수 있는바, 휴게시간·출장시간·수면시간 등의 지휘·명령 여부와 임금지급 여부를 검토하는 것이 필요합니다.

④ 인사명령 권한의 부여

사업의 효율화와 경영 방침의 변경에 따라 근로자에 대한 채용, 배치, 승진, 전보발령 등의 인사권을 행사할 권한이 사용자에게 부여됩니다. 경영권·인사권의 본질은 사용자의 고유권한으로서 노동조합 등 근로자에게 침해받을 사항이 아니므로 노동조합이나 근로자 집단과의 동의 또는 교섭으로부터 자유로울 필요가 있습니다. 아울러 근로자의 귀책 사유가 발생한 경우에는 징계권한을 행사할 수 있고 근로관계를 유지할 수 없을 정도에 해당하는 귀책 사유가 있는 경우에는 징계해고까지도 가능합니다.

⑤ 근로자의 안전 보건 관리 의무

사용자는 근로계약에 따른 부수적 의무로서 생산시설 등의 위험으로부터 근로자의 생명과 건강을 안전하게 보호해야 하는 배려 의무를 부담합니다. 이러한 배려 의무로서 가장 대표적인 것이 근로자의 안전·보건과 관련된 의무라고 할 것입니다. 최근 중대재해처벌법이 시행되는 등 근로자의 안전과 보건에 관한 중요성이 더욱 부각되고 있는 지금의 시기에 사용자는 더더욱 근로자의 안전과 보건 관리를 위한 노력을 경주해야 할 것입니다.

무엇이든 물어보세요!

Q 임원도 근로계약서를 작성해야 하나요?

A 임원의 경우, 근로기준법의 적용이 배제되는바 근로기준법상 필수기재사항이 포함된 근로계약서를 작성, 교부할 의무는 없고 통상적인 위임계약서를 작성하면 됩니다. 임원의 위임계약서는 법에서 의무적으로 명시를 요구하는 사항이 없는바 계약 당사자 간에 약정된 사항을 포함하면 됩니다(근로자로 비춰질 요소는 제거하고 계약 체결하는 것이 필요함).

※ 형식상 임원일 뿐 그 실질이 근로기준법상 근로자에 해당한다면 이때는 근로기준법상 필수기재사항이 포함된 근로계약서를 작성하고 이를 교부해주어야 합니다.

Q 임금체불 고소 사건 진행 중 대표이사가 변경된다면, 임금체불의 형사책임은 누가 지나요?

A 임금체불의 행위가 있었던 시점의 사용자가 형사책임의 주체가 됩니다. 따라서 기존 대표이사의 재임기간 중 임금체불은 기존 대표이사가 형사책임을 부담하게 되고, 새로 선임된 대표이사는 과거에 발생한 임금체불에 대해서는 형사책임을 부담하지 않습니다.

만약 대표이사 변경 전·후 계속해서 임금체불이 발생한 경우라면 대표이사 변경 전·후 각 대표이사가 대표이사 지위에 있던 기간의 임금체불에 대해 각각 형사책임을 부담하게 됩니다.

6

사업장의 규모에 따라 근로기준법의 적용 범위가 다르다

대표적으로 상시 5인을 기준으로 적용 여부가 갈린다

근로기준법은 상시 5인 이상의 근로자를 사용하는 모든 사업 또는 사업장에 전면적으로 적용되고, 상시 5인 미만의 근로자를 사용하는 사업 또는 사업장에 대해서는 대통령령에서 정하는 바에 따라 일부 규정만 적용됩니다. 따라서 근로기준법의 적용 여부는 '사업 또는 사업장'인지 여부에 따라 달라지며, '상시 사용하는 근로자 수'에 따라 근로기준법이 전면적으로 적용되는지, 일부만 적용되는지가 달라집니다.

상시 5인 여부에 대한 판단이 중요하다

사업 또는 사업장의 판단

근로기준법의 적용은 사업 또는 사업장을 기준으로 하고 있습니다. 사업은 하나의 활동 주제가 유기적인 관련 아래 '업'으로서 계속하는 직업을 말하고, 사업장은 작업이 수행되는 장소를 말합니다. 근로기준법은 사업의 목적, 허가 유무, 업종을 불문하고 적용되므로, 비영리사업, 무허가사업 종교단체 등도 일반적으로 근로기준법이 적용됩니다.

다만, 일회적·일시적으로 이루어지는 사업의 경우에는 '업'으로서 계속적인 사업을 한다고 볼 수 없는바 근로기준법의 적용이 배제되고 계속해서 사업을 영위할 의사가 있는 경우에만 제한적으로 근로기준법이 적용될 수 있습니다. 만약 개인적으로 집을 고치기 위해 목수를 일회적, 일시적으로 고용하는 경우와 같이 사업의 목적이 없는 경우에는 근로기준법의 적용을 받지 않는 것입니다.

상시 사용하는 근로자수의 판단

근로기준법 적용을 위한 상시근로자수를 판단함에 있어 '상시'라 함은 상태적인 의미로서 때때로 5명 미만이라도 대부분의 기간이 5명 이상이면 5명 이상 사업장으로서 근로기준법이 전면 적용됩니다.

이때의 상시근로자수 산정에는 정규직근로자, 기간제근로자, 단시간근로자 등 고용형태를 불문하고 모두 포함됩니다. 다만, 사용자가 직접 고용하고 있는 근로자만 상시근로자수에 포함되는바, 민법상 도급계약에 따른 도급근로자와 파견법상 파견계약에 따른 파견근로자는 상시근로자수 판단에서 제외됩니다.

상시근로자수 산정 방법

근로기준법에서는 상시근로자수를 산정함에 있어 계량적인 방법을 사용하고 있는바, '상시 사용하는 근로자 수'는 해당 사업 또는 사업장에서 법 적용 사유 발생일 전, 1개월 동안 사용한 근로자의 연인원을 같은 기간 중의 가동일수로 나누어 산정합니다.

$$\frac{\text{일정 기간 내 사용한 근로자의 연인원수}}{\text{일정 기간 내 사업장 가동일수}} = \text{상시근로자수}$$

상시 5인 미만 사업장에는 적용되지 않는 근로기준법 조항

조항	내용
부당해고 구제 신청 적용 제외 (근로기준법 제23조 제1항, 제28조)	근로기준법에서는 정당한 사유 없이 근로자를 함부로 해고할 수 없지만 5인 미만 사업장에는 적용되지 않는다. 다만, 해고예고수당은 적용되기에 30일 전 해고통지가 없이 당일 해고할 경우에는 30일분의 통상임금을 지급해야 한다.
해고 사유 서면통지 조항 적용 배제(근로기준법 제27조)	5인 미만 사업장에서는 사용자가 해고할 때 서면통지하지 않아도 된다.
휴업수당 적용 제외 (근로기준법 제46조)	근로자가 근로할 의사가 있음에도 경영상의 이유 등 귀책 사유로 인해 근로를 제공할 수 없을 경우에 근로자의 휴업손해에 대한 보전을 위해 평균임금의 70%를 휴업수당으로 지급해야 하지만, 5인 미만 사업장에는 적용되지 않는다.
법정근로시간 규정 적용 배제 (근로기준법 제53조)	1일 8시간, 1주일 40시간의 법정근로시간은 5인 미만 사업장에서는 적용되지 않는다. 이론적으로는 무제한 연장근로가 가능할 수 있다.
연장·야간 및 휴일근로 적용 제외(근로기준법 제56조)	초과근로, 야간근로, 휴일근로가 제공된 경우, 이에 대한 보상으로 기존 수당의 1.5배를 가산해 지급해야 하나, 5인 미만 사업장에는 적용되지 않는다. ※ 다만 5인 미만 사업장이라도 주휴일은 부여해야 함.

조항	내용
연차유급휴가제도 적용 제외 (근로기준법 제60조)	1년간 80% 이상 출근한 근로자에게 유급휴가를 제공하고, 2년마다 1일씩 추가되어 25일을 한도로 연차휴가권이 발생하게 되는데, 5인 미만 사업장에서는 적용되지 않는다.
생리휴가 적용 제외 (근로기준법 제73조)	여성 근로자는 월 1일의 생리휴가를 청구할 권리가 있지만, 5인 미만 사업장에서는 적용되지 않는다.

무엇이든 물어보세요!

Q 공장을 1달 중에서 20일 가동했는데 최초 10일은 매일 50명, 그 후 10일은 매일 100명이 근무한 경우, 상시근로자수는 몇 명인가요?(인원 구성에 기간제, 단시간근로자도 포함되어 있습니다)

A 일정 기간 내 사업장 가동일수에서 일정 기간 내 사용한 근로자의 연인원수를 나누어 계산하는바 총 20일 동안 1,500명[최초 10일은 500명(10일 × 50명), 그 후 10일은 1,000명]이 근무했으므로 1,500명을 20일로 나누어 계산하면, 상시근로자는 75명에 해당합니다.

1

모집·채용 시에도
법률 기준을 준수하자

근로계약 이전에도 지켜야 할 것이 있다

회사는 거짓 채용광고를 금지하고 구인자가 구직자에게 채용심사 비용을 부담시키는 것을 원칙적으로 금지하며 채용서류를 반환하도록 하고 채용일정·지원서 접수 사실 및 합격·불합격 여부를 명확히 고지해야 합니다.

채용절차 공정화에 관한 법률의 준수 요구

근로기준법에서는 모집·채용 시의 규정이 없는바 제한을 별도로 두고 있지 않았습니다. 그러나 허위광고, 과장광고 등으로 모집·채용의 보호 필요성이 제기되어 채용절차의 공정화에 관한 법률(2014. 1. 21 시행)을 제정해서 법률적 공백을 메우고 있습니다.

해당 법률은 채용과정에서 발생하는 절차적 진행과 서류적 처리 등에 대한 전반적인 내용을 담고 있어 모집·채용에서 직원들의 불이익이 발생하지 않도록 조치하고 있습니다.

30인 이상의 근로자를 사용하는 사업장에 적용되는바 사업장이 30인 이상이라면 반드시 체크가 필요합니다(30인 미만 사업장은 적용 제외이므로 고려 대상이 아닙니다).

거짓 채용 광고 등의 금지

채용을 가장해서 아이디어를 수집하거나 사업장을 홍보하기 위한 목적 등으로 거짓 채용광고를 이용하는 것을 금지해 구직자의 권익을 보호하고 구인자의 기만행위를 금지하고자 합니다.

> **사례**
> - 구인기업이 채용광고에서는 소정의 기본급이 있었으나 면접 과정에서 기본급은 전혀 없고 100% 성과급이라고 일방적으로 통보하는 등 구직자의 동의 없이 제시한 근로조건을 구직자에게 불리하게 변경
> - 구인기업이 채용 전형과정에서 회사의 특정 제품을 지원자들에게 홍보하고 판매

채용절차의 고지

구인기업은 채용서류를 전자우편 등으로 받은 경우, 지체 없이 구직자에게 접수된 사실을 홈페이지 게시, 휴대전화에 의한 문자 전송, 전자우편, 팩스, 전화 등으로 알려야 합니다.

응시·접수 단계에서의 고지	채용서류의 접수 사실
채용과정 단계에서의 고지	채용일정 및 채용과정
채용확정 단계에서의 고지	채용 여부
채용확정 후 단계에서의 고지	채용서류의 반환 등

채용심사비용의 부담금지

구인기업은 채용심사를 목적으로 구직자에게 채용서류 제출에 드는 비용 이외의 일체의 금전적 비용을 부담시키지 못합니다. 이때의 채용심사비용은 구인자가 채용을 계획하고 준비하는 데 드는 비용부터, 채용광고 등의 비용, 채용서류를 접수받은 후 해당 구직자에 대한 채용적격 여부를 심사하는 데 드는 비용 등 채용과 관련해서 구인자에게 직접 또는 간접적으로 발생되는 일체의 비용을 말합니다(다만 '채용서류 제출에 드는 비용'은 제외).

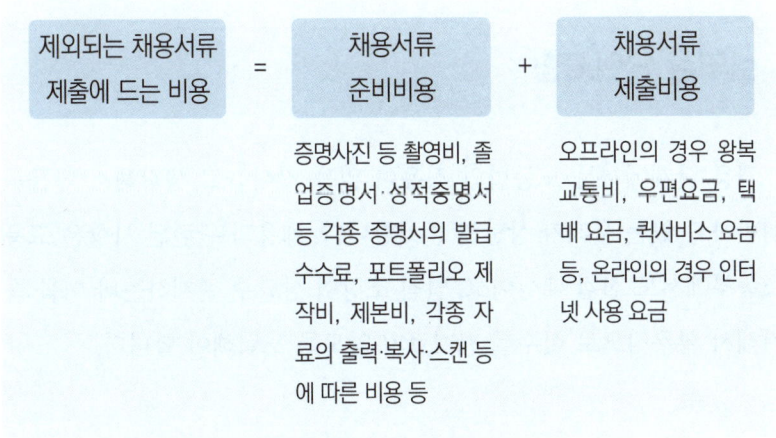

채용서류의 반환

회사 입장에서는 접수된 채용서류를 적극적으로 반환하는 것도 채용서류를 접수받는 것 이상으로 과중한 업무가 되고, 그에 따라 시간적·경제적 비용이 발생되므로 아예 반환하지 않고 폐기하는 경우가 많아 문제가 제기되었습니다. 이에 구직자가 채용서류에 대해 반환을 청구하는 경우, 채용서류의 반환을 의무로 규정함으로써 구직자의 개인정보보호 및 구직기간과 구직비용의 절감을 도모하고 있습니다.

반환 의무 대상	반환 제외 대상(파기 대상)
• 채용서류 　- 기초심사자료 　- 입증자료 　- 심층심사자료	• 홈페이지 또는 전자우편으로 제출된 채용서류 • 구직자가 구인자의 요구 없이 자발적으로 제출한 채용서류

실무상 유의사항

채용 단계에서는 노동법의 적용이 없을 것이라고 생각해서 법률을 위반하고 있는 사례가 상당히 존재합니다. 채용과 관련된 사항은 고용노동부에서도 점검 대상이고, 벌칙 조항이 상당수 존재하는바 이를 숙지해서 실무적으로 실수를 저지르지 않도록 노력해야 합니다.

법률 내용	위반 시 조치
거짓채용광고의 금지	위반 시 5년 이하의 징역 또는 2,000만 원 이하의 벌금
채용광고의 내용 및 근로조건을 구직자에게 불리하게 변경 금지	위반 시 500만 원 이하의 과태료
구인자는 구직자의 채용서류, 지식재산권을 구인자에게 귀속하도록 강요 금지	위반 시 500만 원 이하의 과태료
관련 법을 위반해서 채용강요 등의 행위를 한 경우	위반 시 3,000만 원 이하의 과태료
구직자가 채용서류의 반환을 청구하는 경우 반환 의무(반환청구를 한 시점에서 14일 이내)	위반 시 고용노동부장관의 시정명령 → 시정명령 위반 시 300만 원 이하의 과태료
구직자의 반환 청구에 대비한 일정 기간 채용서류 보관 의무(채용확정된 날로부터 180일 또는 채용여부 확정 전에 사업주가 정한 기간)	위반 시 300만 원 이하의 과태료
채용서류 파기 의무(청구기간이 지나거나 채용서류를 반환하지 않은 경우 개인정보 보호법에 따라 채용서류를 파기)	위반 시 고용노동부장관의 시정명령 → 시정명령 위반 시 300만 원 이하의 과태료
구인자의 채용서류 반환 비용 부담(사업주가 부담)	위반 시 고용노동부장관의 시정명령 → 시정명령 위반 시 300만 원 이하의 과태료
구인자가 구직자에게 채용서류 반환 등에 대한 내용 알림 의무	위반 시 300만 원 이하의 과태료

무엇이든 물어보세요!

Q 지하철에 붙어 있는 정규직 모집 구인광고를 보고 면접에 응시했는데, 프리랜서 근무형태로 유도하며 물품 판매를 강요당하고 있습니다. 어떻게 대응해야 할까요?

🅐 정규직 구인광고를 게시했으나 실제로는 프리랜서를 유도하며 물품 판매를 유도하는 전형적인 거짓채용광고의 금지에 해당하는 사례입니다. 따라서 고용노동부에 고소·고발이 가능하고 위반이 확인되면 5년 이하의 징역 또는 2,000만 원 이하의 벌금에 해당합니다.

🆀 아직 근로계약서를 작성하기 전인데 회사의 사정에 의해 채용 불가를 통보하는 경우, 부당해고에 해당하나요?

🅐 최종 합격 통보를 했는지의 여부에 따라 달라집니다. 만약 최종 합격 통보를 했다면, 이미 근로계약이 성립되었다고 보아 합격 통보 취소는 부당해고에 해당할 수 있습니다. 반면, 서류 전형, 면접 과정, 1차 합격 등 아직 최종 합격 전 단계로서의 합격에 지나지 않는다면, 근로계약이 성립되었다고 볼 수 없어 불합격 통보는 부당해고에 해당하지 않습니다.

2

근로계약의 체결부터 시작하자

근로계약서 명시사항 및 교부의무

근로계약 체결 시 정규직의 경우 근로계약서에 '① 임금(구성항목·계산방법·지불방법) ② 소정근로시간 ③ 유급주휴일 ④ 연차유급휴가 ⑤ 취업의 장소와 종사해야 할 업무에 관한 사항'을 명시해야 하고, 비정규직[1]의 경우 '⑥ 근로계약기간에 관한 사항 ⑦ 휴식시간 ⑧ 근로일 및 근로일별 근로시간'을 추가적으로 명시해야 합니다. 아울러 체결된 근로계약서는 근로자에게 교부해야 합니다.

근로계약서 작성 시 주요 체크 포인트

구두 약속도 근로계약의 효력은 있으나 구체적인 근로조건에 대한 다툼이 발생할 수 있는바 근로기준법에서는 근로계약 체결 시 반드시 서

---

[1] 이때의 비정규직이란 기간제근로자 및 단시간근로자를 말함.

면으로 명시해야 할 사항을 규정하고 있습니다. 따라서 직원을 채용하는 경우 근로기준법에 명시된 사항이 포함된 근로계약서를 반드시 작성해야 합니다. 근로계약서는 근로자의 요구가 없더라도 서면으로 교부하도록 되어 있는바 종이로 된 문서를 반드시 직원에게 교부해야 합니다.

정규직과 비정규직(기간제, 단시간) 간 명시사항 비교

근로계약 체결 시 명시사항은 근로기준법 이외에도 기간제법에서 규정하고 있는데, 비정규직의 경우 정규직에 비해 명시해야 할 사항이 추가됩니다.

	정규직(근로기준법)	비정규직(근로기준법+기간제법[2])
명시사항	① 임금(구성항목·계산방법·지불방법) ② 소정근로시간 ③ 유급주휴일 ④ 연차유급휴가 ⑤ 취업의 장소와 종사해야 할 업무에 관한 사항	① 임금(구성항목·계산방법·지불방법) ② 소정근로시간 ③ 유급주휴일 ④ 연차유급휴가 ⑤ 취업의 장소와 종사해야 할 업무에 관한 사항 ⑥ 근로계약기간에 관한 사항 ⑦ 휴식시간 ⑧ 근로일 및 근로일별 근로시간[3]

아울러 근로기준법에서는 서면명시 위반에 대해 500만 원 이하의 벌금을 두고 있으나 기간제법에서는 항목별 과태료 처분을 두고 있는바 구분이 필요합니다.

---

2) 기간제 및 단시간근로자 보호 등에 관한 법률
3) 단시간근로자인 경우에만 적용

기간제 및 단시간근로자의 근로조건 서면명시 의무위반 관련

기간제법 제17조【근로조건의 서면명시】사용자는 기간제근로자 또는 단시간근로자와 근로계약을 체결하는 때에는 다음 각 호의 모든 사항을 서면으로 명시해야 한다. 다만, 제6호는 단시간근로자에 한한다.
1. 근로계약기간에 관한 사항
2. 근로시간·휴게에 관한 사항
3. 임금의 구성항목·계산방법 및 지불방법에 관한 사항
4. 휴일·휴가에 관한 사항
5. 취업의 장소와 종사해야 할 업무에 관한 사항
6. 근로일 및 근로일별 근로시간

위반행위	과태료 금액		
	1차	2차	3차 이상
법 제17조 제1호, 제3호 또는 제6호를 명시하지 않은 경우	50만 원/서면명시사항 1개 호당	100만 원/서면명시사항 1개 호당	200만 원/서면명시사항 1개 호당
법 제17조 제2호, 제4호 또는 제5호를 명시히지 않은 경우	30만 원/서면명시사항 1개 호당	60만 원/서면명시사항 1개 호당	120만 원/서면명시사항 1개 호당

○ 1차 위반 시에는 서면 명시사항 1개당 30~50만 원까지 부과
○ 근로계약기간, 임금의 구성항목, 근로일 및 근로시간을 명시하지 않았을 경우에는 각각 50만 원씩 과태료 부과

○ 그 밖에 근로시간 휴게에 관한 사항, 휴일 휴가에 관한 사항, 취업의 장소와 종사해야 할 업무와 관련된 사항은 각각 30만 원씩 과태료 부과
○ 따라서 1차 위반 시 240만 원까지 과태료 부과 가능(2차 480만 원까지, 3차 960만 원까지)

전자근로계약서의 체결 가능 여부

전자근로계약서를 작성하는 방법으로 근로계약을 체결할 수 있으나, 이 경우 근로계약에 관한 분쟁을 예방할 수 있도록 가급적 당사자의 서명을 포함한 문서를 전자화하거나 '전자서명법'에 의한 전자서명을 하는 등의 방법을 활용함으로써 계약 당사자 쌍방의 의사가 합치되어 근로계약이 체결되었음을 명확히 해야 합니다. 또한 최종 작성 또는 서명 이후에 어느 일방이 임의로 수정할 수 없도록 위변조 방지를 위한 장치를 마련하는 것이 바람직합니다.

실무상 유의사항

근로계약서는 고용노동부 점검 시 집중적인 점검 대상으로 실제로도 과태료 처분이 많이 내려지는 영역이므로 주의가 필요합니다. 특히 비정규직의 경우, 정규직에 비해 명시해야 하는 항목의 수가 많으며, 누락된 경우 시정기간 없이 즉시 과태료에 해당하는바 상당한 주의가 필요합니다.

많은 회사에서 정규직과 비정규직 간에 공통 근로계약서 양식을 사

용함에 따라 비정규직에 추가로 명시가 요구되는 사항을 누락하는 경우가 많고, 그로 인해 노동부 점검에 적발되어 과태료 처분이 내려지는 경우가 있습니다. 따라서 사업장의 근로계약서를 정규직, 비정규직으로 나누어 다시 한번 검토하고, 작성된 근로계약서는 근로자에게 교부해야 할 것입니다.

노동부 적발 시 정규직과 비정규직의 차이

구분	정규직근로자	비정규직(기간제, 단시간)
시정기간	14일 이내에 시정기간 부여	시정기간 부여 없이 즉시 과태료
벌칙	500만 원 이하 벌금	누락 항목 수에 따른 과태료

무엇이든 물어보세요!

Q 모집 공고의 조건과 실제 입사 후의 조건이 달라 다툼이 되고 있습니다. 사원모집 광고에는 상여금 600%를 준다고 해놓고 막상 일하게 되자 상여금을 주기로 한 적이 없다고 발뺌하고 있습니다. 근로계약서는 별도로 체결하지 않았고, 과거에 다른 직원들에게 상여금 600%를 지급한 적이 있습니다. 이럴 경우, 상여금을 지급받을 수 있는지 궁금합니다.

A 해당 회사는 귀하와 근로계약서를 체결하지 않았는바, 사원모집 광고 이외에는 다른 근로조건을 정하고 있는 증거가 없습니다. 따라서 귀하가 회사에 입사할 때 제시된 상여금 600%가 지급된다는 회사의 사원모집 광고 내용은 근로조건으로 볼 수 있을 것입니다. 아울러 상당한 기간 동안 상여금이 지급되어온 사실관계가 있다면 일률적으로

일정액을 정기적·계속적으로 지급해온 금품으로서 이 상여금은 호의적·은혜적으로 지급되는 금원이 아닌 근로의 대가로 지급되는 임금에 해당한다고 볼 것입니다. 따라서 귀 사례의 상여금은 근로계약 체결 시 제시된 근로조건으로서 임금의 성격을 갖는다고 본다면, 회사에서는 상여금 600%를 지급 거부할 근거가 없을 것으로 사료됩니다.

3. 대학교를 졸업하면 채용하기로 한 채용내정의 효력

채용내정이란

채용내정이란 회사에서 정한 전형 절차에 의해 합격했으나 아직 근로계약을 체결하는 등 정식 입사를 하지 않은 상태를 말합니다.

채용내정의 효력

유능한 인재를 적기에 확보하는 것은 기업의 미래를 결정하는 중요한 포인트입니다. 아울러 인력이 부족한 업종이나 전문적 자격이 뒷받침되어야 하는 업종 또한 노동력을 미리 확보해두는 것이 필요한데, 이러한 경우, 활용될 수 있는 것이 채용내정 제도입니다.
채용내정의 대표적인 모습은 학교 졸업 예정자에 대해 졸업이라는 일정한 요건이 충족되면 채용할 것을 약정하는 경우를 들 수 있으며, 자격증 또는 학위를 획득하는 경우 등을 요건으로 채용하는 계약을 체결하는 경우가 있습니다.

이러한 채용내정 제도는 회사 입장에서는 유능한 인재를 미리 확보한다는 장점이 있고, 근로자 입장에서는 졸업 후 취업할 회사를 미리 확보한다는 장점이 있어 회사와 직원 간에 WIN-WIN 할 수 있는 제도로 의미가 있습니다.

반면, 졸업 후 채용을 약정했는데 졸업을 못 한 경우 해당 인력을 채용하기 위해 기다리고 있었던 회사에 손해가 발생하거나 졸업했는데도 회사가 채용하지 않는 경우가 발생한다면, 그 회사에 취업하기 위해 다른 회사의 취업 기회를 거절했음에 따른 불이익이 발생할 수 있을 것입니다.

결국 '채용내정의 취소'는 법률적 분쟁으로 번지는 경우가 발생할 수 있는데, 이때 중요한 쟁점은 과연 근로계약이 성립되었는지의 여부이며, 그에 따라 결과가 달라집니다. 먼저, 근로계약 성립 이전의 채용내정 취소가 있을 수 있습니다. 이는 회사가 정한 전형절차에 의해 합격이 결정되었으나 채용 시기나 임금 등 구체적인 근로조건은 정해져 있지 않은 상황에서 단지 임용대기만 한 상태를 말합니다. 이러한 상태에서는 구체적인 근로조건이 정해져 있다고 볼 수 없는바 근로기준법상 근로자로 볼 수 없어 부당해고구제신청 등의 제기는 할 수 없다 할 것입니다. 다만 회사의 지시로 임용대기를 함으로써 해당 기간 동안 타 회사에 취업할 기회 등을 박탈당한 손해에 대해서는 신뢰이익 침해 등에 따른 민사상 손해배상을 청구할 수 있을 것입니다.

다음으로는 근로계약 성립 이후의 채용내정 취소가 있을 수 있습니다. 이는 회사가 정한 전형절차에 합격한 자에게 구체적인 입사예정일을 통보한 상태로써 채용내정통지(구체적인 입사예정일이 명시된)를 통해서 근로계약은 유효하게 성립되었다고 볼 것이므로 비록 서면의 근로계약서 체결 행위가 없었다고 하더라도 근로자 신분을 갖게 됩니다. 결국 입사예정일을 통보한 경우라고 한다면 서면의 근로계약체결 행위나, 일의 개시가 없었다고 하더라도 근로자로 보게 되고 일방적인 채용내정 취소는 부당해고에 해당하는바 부당해고구제신청의 제기가 가능할 것입니다.

구분	내용
근로계약 성립 이전의 채용내정취소	• 노동법 적용 배제 • 민법상 손해(신뢰이익)배상 청구 가능

근로계약 성립 이후의 채용내정취소	• 노동법 적용 가능
	  – 부당해고 시 채용내정취소 구제신청
	  – 부당해고 기간 동안의 임금상당액 청구

실무상 유의사항

채용내정취소의 법률적 다툼은 드물지 않게 발생하고 있습니다. 근로계약을 체결하지 않았고 실제로 일을 개시하지 않은 자에게 단지 합격의 통보를 했었다고 해서 부당해고 등의 문세를 떠안게 되는 상황을 받아들이지 못하는 사용자가 종종 있는 것입니다. 그러나 입사예정일을 통보해서 근로계약이 성립된 이후의 채용내정 취소는 해고에 해당한다는 판례의 태도가 변하기를 기대하기는 것은 어렵습니다. 그렇다면 장기적 경영상황을 고려한, 보다 신중한 채용내정의 통보가 요구된다고 할 것입니다.

무엇이든 물어보세요!

Q 대학교 4학년 학생인데요, 졸업 후 취업하기로 내정된 A라는 회사가 있습니다. 그런데 경영악화로 인한 정리해고를 이유로 저를 우선해고 대상자로 한다고 합니다.

A 채용내정자의 경우, 근로계약관계는 성립되어 있으나 현재 근로를 제공하고 있는 자들에 비해서는 고용관계가 약하다고 할 수 있고, 재취업의 가능성도 더 크다고 할 것입니다. 따라서 정리해고 시 채용내정자를 우선순위로 하더라도 위법하다고 볼 수 없고, 정리해고 절차에 위법함이 없다는 것이 판례의 태도입니다.

4
수습사원으로 입사하면 정규직인가요?

수습 및 시용계약의 정의

수습 및 시용계약은 명확한 법률적 정의가 존재하지 않으나, 근로자의 능력이나 적성을 육성시키거나 판단하는 기간으로서 정식 근로계약 체결 후의 기간은 '수습', 정식 근로계약 체결 전의 기간은 '시용'이라고 할 수 있습니다.

수습 및 시용계약과 본채용 거부

수습 및 시용계약은 개념적으로 구분될 수 있으나 실무적으로는 대개 수습과 시용을 크게 구분하지 않고 편의에 따라 혼재해서 사용하고 있으며 판례도 대체로 동일한 모습을 보이고 있습니다. 수습 및 시용계약은 정규직이라는 확정적 근로계약이 적용되기 이전에 근로자의 능력을 점검해서 평가하거나 능력을 배양하고 적응능력을 키워주기 위한 근로계약 형태로서, 해당 기간이 만료되는 즈음에는 본채용을 할 것인가, 본채용을 거부할 것인가를 결정하게 됩니다.

　수습 및 시용계약의 목적 자체가 '정규직 채용 여부의 판단'에 있는 바 사용자가 본채용을 거부할 수도 있다는 것은 충분히 예상될 수 있는 것인데, 수습이라는 이유로 아무런 제한 없이 사용자가 즉흥적이고 주관적으로 결정할 수 있는지에 대한 의문이 제기될 수 있습니다.

　이와 관련해서 판례에서는 본채용거부의 행위는 사실상 해고에 해당하는바 정당한 사유가 전제되어야 한다고 판단하고 있습니다. 결국 수습 및 시용계약도 부당해고의 문제로부터 자유로울 수 없는바 과연 어떠한 정당한 사유가 전제되어야 하는지에 관한 판단이 선행되어야 하는 것입니다.

　본채용 거부의 판단은 판례의 기준에 따르면 '시용기간 중에 있는 근로자를 해고하거나 시용기간 만료 시 본계약의 체결을 거부하는 것은 사용자에게 유보된 해약권의 행사로서 당해 근로자의 업무능력, 자질, 인품, 성실성 등 보통의 해고보다는 넓게 인정해야 할 것이다'라고 하고 있습니다. 이는 당연한 결론으로서 수습 및 시용이라는 특성상 일반 근로자에 대한 해고의 정당한 사유보다 넓게 보지 않는다면 구태여 수습 및 시용시간을 인정할 필요가 없다 할 것입니다.

수습과 시용	적용 여부	비고
본채용 거부가 해고 해당 여부	○	근로기준법 제23조에 해당
해고예고 적용 여부	×	수습일로부터 3개월 미만자 미적용
최저임금 적용 여부	×	최저임금의 90%까지 지급 가능 (다만 3개월 한정)
서면 통지 필요 여부	○	미통지 시 그 자체로서 부당해고
평균임금 산정기간 포함 여부	×	수습 기간 제외하고 계산함

실무상 유의사항

근로자와 수습 및 시용계약을 체결한 사업주들의 가장 큰 오류는 언제 어디서든 이유를 불문하고 손쉽게 고용관계를 종료할 수 있다고 생각하는 점입니다. 어차피 수습 및 시용계약은 정규직 채용이 아닌 3개월 정도의 평가기간에 지나지 않는바 고용유연성을 강조하는 사용자의 자신감입니다. 그러나 본채용 거부가 해고에 해당하는바 근로기준법 제23조에 따른 정당한 사유를 갖춰야 함은 당연한 것입니다. 따라서 수습과 시용계약 기간 중에는 지속적인 평가를 거쳐 객관적이고 합리적인 판단 도구를 마련해두어야 할 것입니다. 물론 정규직 근로자에 대한 해고보다 넓게 인정될 수 있는바 업무능력, 자질, 인품, 성실성 등 유연한 판단기준을 바탕으로 정성적 요소와 정량적 요소를 모두 포함해서 회사에 적합한 평가도구를 구축할 수 있을 것입니다.

무엇이든 물어보세요!

Q 채용공고, 근로계약서에는 수습 기간의 명시가 없었으나 취업규칙에 존재함을 이유로 수습 기간 만료에 따른 해고를 당했습니다.

A 수습 기간의 경우, 반드시 고지되어야 하는 근로조건에 해당하는바 채용공고의 내용, 근로계약서의 명시사항 등 근로자 채용의 과정을 전반적으로 고려해서 수습 기간이 포함되어 있었는지를 판단해야 합니다. 따라서 실제 채용공고, 근로계약서 등에서 명시됨이 없이 단지 취업규칙에 규정이 있다는 이유만으로 수습계약이 체결되었다고

볼 수는 없으며 부당해고의 문제가 발생할 수 있습니다.

Q 수습근로자에게도 해고예고를 적용하고 최저임금을 보장해야 하나요?

A 사용자는 근로자를 해고하는 경우 30일 전에 해고예고를 해야 하나 3개월 미만 근로자의 경우에는 해고예고 예외를 두고 있습니다. 따라서 수습근로자로서 3개월 미만자의 경우 해고예고를 하지 않아도 됩니다.

수습근로자에게는 3개월 동안 최저임금의 90%를 지급하더라도 최저임금법 위반이 아닙니다. 다만 아래 3가지 요건을 모두 갖춘 경우에만 가능하므로 참고하시기를 바랍니다.

① 근로계약기간이 1년 이상이거나 기간의 정함이 없는(정규직) 계약인 경우
② 단순노무직이 아닌 경우
③ 근로계약서에 수습 기간임을 명시해서 수습 기간 이전과 이후 급여에 대해 명시한 경우

5

학생 아르바이트도 권리를 보호하자

경영환경의 변화와 18세 미만자 고용

최근 경쟁 환경의 심화와 인건비 상승으로 인한 제조원가 상승이 기업들의 고민으로 이어지고 있습니다. 인건비 상승을 견디기 힘든 자영업, 중소기업의 경우 최저임금에 해당하는 임금 수준을 지급하기를 원하고, 이는 아르바이트 채용으로 이어지며 18세 미만의 고용에 대한 관심으로도 연결되고 있습니다. 이번 장에서는 18세 미만 근로자에게만 적용되는 보호 조치를 알아보고 고용상 유의점을 확인합니다.

18세 미만자의 고용 시 주의사항

만 18세 미만인 근로자를 근로기준법에서는 '연소근로자'라고 지칭하고 있습니다. 연소근로자는 정신적·신체적으로 성장단계에 있고 교육이 우선되어야 하는 시기이므로 근로기준법에서는 만 18세를 기준으로 성인 근로자와 구분해서 특별한 보호를 하고 있습니다.

연소근로자를 고용한 경우 사업주가 해당 연소근로자의 연령을 증명하는 호적증명서(호적등·초본, 주민등록등·초본 중 한 가지)와 친권자 또는 후견인의 동의서를 사업장에 비치하지 않은 경우만으로도 500만 원 이하의 벌금을 내야 하는 상황이 일어날 수 있으므로 주의해야 합니다.

연소근로자는 도덕상 또는 보건상 유해·위험한 사업에 사용하지 못하며 갱내에서 근로시킬 수 없습니다. 사업주가 이 같은 업종이나 직종에 연소근로자를 고용하다 적발되는 경우 3년 이하의 징역 또는 2,000만 원 이하의 벌금이 부과될 수 있습니다.

아울러 근로기준법상 취직 최저 연령을 두고 있어 만 15세 미만인 자는 원칙적으로 근로자로 사용할 수 없되, 노동부에서 발급하는 취직인허증을 발급받는 경우에만 고용이 가능합니다. 만약 15세 미만인 자를 취직인허증 없이 고용한 경우에는 2년 이하의 징역 또는 1,000만 원 이하의 벌금이 부과될 수 있습니다.

취직인허증
만 13세 이상 15세 미만자에 대해 의무교육에 지장이 없는 범위에서 노동부장관이 예외적으로 취직을 허용하는 증명서

취직인허증 교부는 연소자가 사용자와 같이 해당 지방노동사무소 민원실에 신청해 취직인허 요건을 충족하면 연소자와 사용자에게 동시에 교부된다. 연소자 취직인허 기준으로는 ▲도덕상 또는 보건상 유해·위험한 직종이 아닌 경미한 작업일 것 ▲근로자의 생명·건강 또는 복지에 위험이 초래되거나 유해하다고 인정되는 업무가 아닐 것 ▲근로시간이 수업에 지장을 주지 않을 것 ▲친권자 또는 후견인의 동의와 학교장의 의견이 명기되어 있어야 한다.

연소근로자도 다른 근로자와 동일

연소근로자도 다른 근로자와 동일하게 근로기준법의 보호를 받으므로 연소근로자를 시간제로 채용할 경우 임금, 근로시간, 기타의 근로조건을 명시한 근로계약서를 작성해야 합니다.

또 1일 근로시간이 4시간인 경우에는 30분 이상, 8시간인 경우에는 1시간 이상의 휴게시간을 근로시간 중에 주어야 하고, 1주간의 소정근로일수를 개근한 근로자에 대해서도 1주에 1일의 유급주휴일을 주어야 합니다.

일반근로자와 동일하게 연차유급휴가를 주어야 하고 여성 연소근로자에 대해서는 1개월에 1일의 생리휴가(법률이 개정에 따라 반드시 유급으로 부여할 필요는 없음)를 주어야 합니다. 그러나 1주간의 소정근로시간이 15시간 미만인 근로자에 대해서는 유급주휴일·연차유급휴가를 주지 않아도 무방합니다.

연소근로자는 근로시간의 제한이 있다

연소자의 근로시간은 원칙적으로 1일 7시간, 1주일 35시간을 초과할 수 없습니다. 그러나 사업주와 연소근로자 간 합의하는 경우에는 1일 1시간, 1주일 5시간을 초과하지 않는 범위 내에서 연장근로를 할 수 있습니다.

또한 밤 10시부터 다음 날 새벽 6시까지의 야간시간, 주휴일, 근로자의 날 등 법정휴일에는 연소근로자에게 일을 시킬 수 없습니다. 다만 회사 사정상 꼭 필요해서 연소근로자 본인이 동의하고 고용노동부장관이 인가한 경우에는 예외적으로 가능합니다.

실무상 유의사항

일자리를 찾았다면 부모님 허락을 받아라 : 부모님으로부터 그 일을 하는 것을 허락한다는 동의서를 받아야 하므로 부모님의 동의서와 나이를 증명할 수 있는 호적증명서(호적등본, 호적초본, 주민등록등본, 주민등록초본 중 한 가지)를 사용자에게 제출해야 합니다.

사업주와 근로계약서 작성 : 근로계약이란, 어떤 일을 몇 시간 동안 얼마를 받고 할 것인가 등 일하는 조건에 대해서 사업주와 약속하는 것으로서 근로계약서에는 일을 하기로 한 기간, 일할 장소, 해야 할 일, 하루에 일해야 하는 시간과 쉬는 시간, 쉬는 날, 받아야 할 돈(임금), 임금 받는 날 등 중요한 내용이 반드시 나타나 있어야 합니다.

보수는 당사자에게 현금(계좌이체 가능)으로 직접 지급 : 사업주는 근로계약한 대로 직접 보수를 주어야 합니다. 어느 기간 동안 일하기로 했으나 사정이 생겨 그 기간을 다 채우지 못했더라도 그때까지 일한 날에 대한 보수는 반드시 주어야 합니다. 이때 보수는 근로자 본인에게 반드시 현금으로 직접 지급되어야 하고, 현금 대신 물건 등으로 대신 받으라고 강요할 수 없습니다.

신체적 체벌은 법 위반 행위 : 일하다가 실수를 했다고 해서 회사에서 신체적인 체벌을 할 수는 없습니다. 사업주는 상대방이 아르바이트, 학생이라는 이유로 체벌을 하는 경우가 있으나 어떠한 경우에도 허락되지 않습니다.

무엇이든 물어보세요!

Q 저는 만 17세입니다. 아르바이트를 하려고 하는데, 사장님이 부모님(친권자) 동의서와 가족관계증명서를 가져오라고 하십니다. 어떻게 준비해야 하나요?

A 부모님 동의서는 특별히 정해진 형식이 있는 것은 아니고, 부모님(또는 후견인)이 '누가 어디에서 일하는 것에 동의한다'라는 내용을 기재하고 서명 또는 날인하면 됩니다. 가족관계증명서는 전국 가까운 구청 및 주민센터에서 방문발급이 가능하며, 전자 가족관계등록시스템 홈페이지를 통해 인터넷 발급도 가능합니다.

6

외국인 근로자의 고용
- 알기 쉬운 외국인 고용 절차

개요

저출산 고령화로 인해 구인난에 허덕이는 기업들이 외국인 근로자 채용에 눈을 돌리고 있습니다. 외국인 근로자를 채용하기 위해서는 중소기업 등에서 외국인 근로자를 합법적으로 고용할 수 있도록 허가해주는 고용허가제를 이용할 수 있습니다. 외국인고용허가를 위해서는 반드시 정해진 절차를 체크하고 거쳐야 불법체류 등으로 인한 법률적 분쟁을 예방할 수 있으므로 담당자들의 정확한 숙지가 필요합니다.

내용

외국인고용허가제는 인력난이 심각한 중소기업 등에서 외국인 근로자를 합법적으로 고용할 수 있도록 허가해주는 제도로서, 내국인 고용기회를 보장하면서도 외국인력을 적절하게 활용하고, 송출비리 방지 및 외국인력 선정·도입 절차를 투명하게 하기 위해 도입된 제도입니다.

국내에 3년간 합법적으로 성실하게 일한 외국인 근로자에 대한 재고용 제도를 활용할 수 있고, 방문취업제가 시행되어 외국 국적 동포의 취업 및 고용 절차가 간소화되는 등 시기적절한 외국인 근로자 활용을 통해 중소기업의 경영 애로를 해소할 수 있습니다.

일반 외국인 근로자 고용 절차
[고용노동부 외국인 근로자 고용 안내 가이드]

내국인 구인 노력 → 외국인고용허가 신청 → 고용허가서 발급 → 근로계약 체결 → 사증발급인정서 발급 → 외국인 근로자 입국 및 취업교육 → 사업장 배치, 사업장 고용 및 체류 지원

① 내국인 구인 노력
외국인 근로자 고용을 원하는 사용자는 우선 관할 고용지원센터에 내국인 구인 신청
- 내국인 근로자의 고용기회를 보호하기 위해서 외국인 근로자 고용을 원하는 사용자에게 내국인 구인 노력 의무를 부여하고 있음.
- 내국인 구인 노력 기간 : 14일, 예외적으로 신문·방송·생활정보지 등 매체를 통해 구인 노력을 한 경우 7일

② 외국인고용허가 신청
내국인 구인 노력에도 불구하고 원하는 인력의 전부 또는 일부를 채용하지 못한 경우, 사업장 관할 고용지원센터에 외국인고용허가 신청

- 기한 : 내국인 구인 노력기간 경과 후 3월 이내
- 구비서류 : 외국인 근로자 고용허가서발급신청서, 발급요건입증서류(사업자등록증사본 등)

③ 고용허가서 발급

고용지원센터에 고용허가서 발급을 신청하면 고용지원센터는 외국인 근로자를 알선(3배수)하며, 사용자는 고용지원센터를 직접 방문하거나 고용허가제 홈페이지를 통해 알선자 중에서 적격자를 선택해서 고용허가서를 발급합니다.

- 고용허가 기간 : 외국인 근로자가 입국한 날로부터 3년의 범위에서 당사자 간의 합의에 따라 근로계약을 체결하거나 갱신할 수 있습니다(재고용의 경우 연장된 취업활동 기간의 범위 내에서 근로계약 체결 가능). 1년 미만의 근로계약체결도 가능하나 1년 미만의 근로계약을 체결할 경우에는 사업장변경 횟수제한에 따른 불법체류 야기, 고용불안정에 따른 생산성 감소 초래, 외국인 구직자의 근로계약 기피 등을 감안해서 근로계약기간을 정할 필요가 있습니다.
- 고용허가기간의 연장(근로계약 갱신) : 최초 계약한 근로계약을 갱신하는 것을 말하며, 당사자 간의 합의에 따라 외국인 근로자의 잔여 취업활동기간 범위 내에서 계약기간을 정할 수 있습니다. 근로계약을 갱신한 경우 외국인 근로자는 체류기간 만료 전에 체류기간 연장허가를 받아야 하므로 사용자는 최소한 계약만료일 7일 이전까지 고용허가 유효기간 연장허가 신청을 해야 합니다(제출서류 : 외국인 근로자 고용허가기간연장신청서, 갱신된 근로계약서 사본).
- 고용허가서 재발급 사유 : 외국인 근로자나 송출국가의 귀책 사유(

사망, 근로계약 체결 거부 등) 등 불가피한 사유로 해당 외국인 근로자와 근로계약을 체결하지 못한 경우에는 재발급 사유 발생일로부터 7일 이내에 고용허가서 재발급 신청을 하고 다른 외국인 근로자를 고용할 수 있습니다(단, 사용자의 귀책 사유인 경우 불가).

④ 근로계약 체결

고용허가서 발급과 동시에 사용자가 고용허가서 신청서에 기재한 근로조건이 표준근로계약서(사업주 안)로 작성되어 한국산업인력공단으로 송부되며, 한국산업인력공단은 동 계약서를 송출국가의 송출기관으로 송부합니다. 각 송출국가의 송출기관에서 사용자가 선택한 외국인 구직자와 접촉해서 근로계약 체결 의사를 확인한 후 전산상으로 송부된 표준근로계약서를 최종 확정해서 한국산업인력공단으로 재송부하게 되면 근로계약이 체결됩니다.

- 근로계약 체결 대행 : 근로계약 체결과정에서 사용자와 구직자 간 근로조건이 맞지 않거나, 외국인 구직자의 정보 오류 등 정정사항이 발생할 경우에는 한국산업인력공단에서 사용자의 확인을 받아 근로계약서를 정정하고 최종 확정 체결합니다.

⑤ 사증발급인정서 신청 및 발급

근로계약이 체결되면 사용자 또는 대행기관은 법무부 출입국관리사무소에서 사증발급인정서를 발급받을 수 있으며, 발급받은 사증발급인정서를 한국산업인력공단에 송부하면 동 공단에서 송출국가의 송출기관을 통해 해당 외국인 구직자에게 전달됩니다.

- 출입국관리사무소에 제출할 신청서류 : 사증발급인정신청서, 고

용허가서사본, 표준근로계약서사본, 사업자등록증 등 사업장관련 입증서류 사본, 신원보증서(사용자작성)
- 사증발급 시 필요한 서류(외국인 근로자) : 사증발급신청서, 사증발급인정서, 여권 및 사진

⑥ 외국인 근로자 입국 및 취업교육

외국인 근로자는 비전문취업(E-9) 사증을 받아 송출기관 관계자의 인솔하에 국내에 입국하게 되며, 입국장에서 한국산업인력공단 관계자에게 인계되어 확인절차를 거치고, 국가별·업종별 취업교육기관 인솔자에게 재인계된 후 취업교육기관으로 이동해서 16시간 이상의 취업교육을 받게 됩니다.

- 일반 외국인 근로자에 대한 취업교육비는 사용자가 부담하며, 외국 국적동포의 경우는 근로자 본인이 부담합니다. 외국인 근로자가 건강검진 결과 별다른 이상이 없고 취업교육을 이수한 경우 취업교육기관의 통보에 따라 사용자는 해당 취업교육기관을 방문해서 외국인 근로자를 인수하면 됩니다(노동부에는 별도의 근로개시신고를 하지 않아도 됨).
- 외국인 근로자와 체결한 근로계약의 효력은 입국한 날로부터 발생합니다.

외국 국적동포 고용 절차(특례고용)

내국인 구인 노력 → 특례고용가능확인서 신청 및 발급 → 근로계약 체결 → 근로개시 신고

① 내국인 구인 노력

외국 국적동포를 고용하고자 하는 사용자도 일반 외국인 근로자를 고용할 경우와 동일하게 내국인 구인 노력(7~14일)을 해야 합니다.

② 특례고용가능확인서 신청 및 발급

내국인 구인 노력에도 불구하고 내국인을 채용할 수 없을 경우, 외국 국적동포를 고용하고자 하는 사용자는 관할 노동부 고용지원센터에서 '특례고용가능확인서'를 발급받아야 하며, 사업장별 고용허용인원 범위 내에서 노동부에 구직등록한 외국 국적 동포의 고용이 가능합니다.

③ 근로계약 체결

합법적으로 입국한 외국 국적동포 중 국내에 취업을 원하는 동포는 일반 외국인 근로자와 마찬가지로 노동부가 지정한 취업교육기관에서 16시간 이상의 취업교육을 이수하고, 노동부 고용지원센터에 구직등록 후 자율구직 또는 고용지원센터의 알선을 통해서 취업할 수 있습니다. 사용자는 구직등록을 필한 외국 국적동포 중에서만 합법적인 특례고용이 가능하며, '외국인 근로자의 고용 등에 관한 법률'에 의한 '표준근로계약서'를 작성해서 근로계약을 체결한 후 고용해야 합니다.

④ 근로개시 신고

외국 국적동포를 고용한 사용자는 근로개시 14일 이내에 노동부 고용지원센터에 근로개시신고를 해야 하며, 신고하지 않을 경우에는 500만 원 이하의 과태료 처분에 해당할 수 있습니다.

외국인 근로자의 재고용 절차

고용지원센터에 재고용 신청(사용자) → 외국인 근로자 재고용확인서 발급 (고용지원센터) 및 법무부에 체류기간 연장 신청(사용자) → 외국인 근로자 계속 고용

① 고용지원센터에 재고용 신청

취업기간이 만료된 외국인 근로자를 재고용하고자 하는 경우, 해당 외국인 근로자의 취업기간 만료일 1개월 전부터 7일 전까지 신청해서 최대 1년 10개월 내에서 재고용허가를 신청할 수 있습니다.

② 재고용 확인서 발급 및 법무부 체류기간 연장 신청

고용지원센터로부터 '취업기간 만료자 재고용 확인서'를 (사용자 및 외국인 근로자에게 각각 1매씩 발급받아야 합니다. 사용자는 재고용 확인서가 발급될 경우, 법무부 출입국관리소에 체류기간 연장 신청해야 합니다.

③ 외국인 근로자 계속 고용

위 절차에 의해 재고용 신청한 사용자는 최대 1년 10개월 내에서 계속 고용이 가능합니다.

외국인 근로자 고용관리

① 외국인 근로자 고용변동 등 신고

회사는 외국인 근로자의 근무 중 이탈, 부상, 사망, 근로계약 중도해지

등 외국인 근로자의 고용과 관련한 각종 변동사항이 발생할 경우, 사유 발생을 안 날로부터 15일 이내에 고용지원센터에 신고해야 합니다. 이를 위반할 경우에는 500만 원 이하의 과태료가 부과될 수 있습니다.

신고해야 할 고용변동 사유

- 외국인 근로자와의 근로계약을 해지하는 경우
- 외국인 근로자가 사망한 경우
- 외국인 근로자가 부상 등으로 해당 사업에서 계속 근무하는 것이 부적합한 경우
- 외국인 근로자가 사용자의 승인을 얻는 등 정당한 절차 없이 5일 이상 결근하거나 외국인 근로자의 소재를 알 수 없는 경우
- 외국인 근로자가 '감염병의 예방 및 관리에 관한 법률' 제2조 제2호부터 제5호까지의 규정에 따른 감염병의 환자가 되거나 마약중독 등으로 공중위생상 위해를 끼칠 염려가 있는 경우
- 외국인 근로자의 고용허가기간이 만료되는 경우
- 외국인 근로자가 체류기간 만료 등으로 출국(일시적 출국 제외)한 경우
- 사용자 또는 근무처의 명칭이 변경된 경우
- 사용자의 변경 없이 근무장소를 변경한 경우 등

② 외국인 근로자의 사업장 변경

외국인 근로자는 최초의 근로개시를 한 사업장에서 계속 근무하는 것이 원칙이나, 법상 사업장 이동(변경) 사유 발생 시 최초 입국 후 허용된 취업활동 기간 내(최대 3년)에서는 원칙적으로 3회까지 사업장을 변경할 수 있습니다.

신고해야 할 고용변동 사유

- 사용자가 정당한 사유로 근로계약기간 중 근로계약을 해지하려고 하거나 근로계약이 만료된 후 갱신을 거절하려는 경우
- 휴업, 폐업, 그 밖에 외국인 근로자의 책임이 아닌 사유로 그 사업장에서 근로를 계속할 수 없게 되었다고 인정되는 경우
- 관련 법에 따라 고용허가가 취소되거나 고용이 제한된 경우
- 사업장의 근로조건이 근로계약조건과 상이한 경우, 근로조건 위반 등 사용자의 부당한 처우 등으로 인해 사회통념상 근로계약을 유지하기 어려운 경우
- 그 밖에 관련 법 대통령령으로 정하는 사유가 발생한 경우

③ 외국인 고용허가의 취소 및 제한

사용자가 입국 전에 근로자와 계약한 임금 그 밖의 근로조건을 위반하는 경우 등에는 고용허가가 취소될 수 있으며, 고용허가서를 발급받지 아니하고 외국인 근로자를 고용한 경우에는 3년간 외국인 근로자 고용이 제한될 수 있습니다.

외국인 고용허가 취소 사유

- 거짓 그 밖의 부정한 방법으로 고용허가를 받은 경우
- 사업주가 입국 전에 계약한 임금 그 밖의 근로조건을 위반하는 경우
- 사업주의 임금체불, 그 밖의 노동관계법의 위반 등으로 근로계약의 유지가 어렵다고 인정되는 경우

외국인 근로자 고용 제한 사유

- 고용허가서를 발급받지 아니하고 외국인 근로자를 고용한 경우
- 외국인 근로자 고용허가가 취소된 경우
- 외국인 근로자의 고용 등에 관한 법률 등을 위반해서 처벌을 받은 경우
- 고용허가서 발급일부터 6월 이내에 내국인 근로자를 고용조정으로 이직시킨 경우
- 근로계약에 명시된 사업 또는 사업장 이외에서 근로를 제공하게 한 경우
- 근로계약이 체결된 이후부터 외국인 취업교육을 마칠 때까지 경기의 변동, 산업구조의 변화 등에 따른 사업규모의 축소, 사업의 폐업 또는 전환과 같은 불가피한 사유가 없음에도 불구하고 근로계약을 해지한 경우

④ 불법체류자 고용 금지

불법체류자를 고용할 경우 건강보험 미적용으로 인한 인권침해 문제, 안전사고 문제, 불법체류자 단속 과정에서 발생할 수 있는 사고 등 여러 가지 문제가 발생합니다. 또한 불법체류자를 고용하다 적발될 경우 사용자는 '출입국관리법'에 의한 형사처벌은 물론, 합법적인 외국인 근로자 고용이 제한됩니다.

불법고용주 벌칙

- 불법고용주에게는 3년 이하의 징역 또는 3,000만 원 이하의 벌금 부과(출입국관리법 제94조)와 함께 합법적인 외국인 고용을 제한할 수 있습니다.

출입국관리법에 의한 신고의무 사항

사용자	**고용변동사유발생 신고**(출입국관리법 제19조) 외국인 근로자의 퇴직 또는 사망, 이탈, 기타 근로계약의 중요한 내용 변경 시 등에는 사유발생을 안 날로부터 15일 이내 관할 출입국관리사무소에 신고
외국인 근로자	**외국인 등록**(출입국관리법 제31조) 외국인 근로자가 입국한 날로부터 90일을 초과해서 대한민국에 체류하게 되는 경우에는 입국일로부터 90일 이내에 체류지 관할 출입국관리사무소에 외국인 등록 **근무처의 변경허가**(출입국관리법 제21조) 외국인 근로자가 사용자와 근로계약 해지 등 근무처변경 사유가 발생한 경우, 고용지원센터에 사업장변경 신청을 해서 고용허가를 받은 후 변경된 사업장 관할 출입국관리사무소에서 근무처변경허가를 받은 후 근무할 수 있음. **체류지 변경 신고**(출입국관리법 제36조) 외국인이 체류지를 변경한 때에는 14일 이내에 새로운 체류지를 관할하는 시·군·구의 장 또는 출입국 관리사무소에 전입신고를 해야 함. **체류기간 연장 허가**(출입국관리법 제25조) 외국인 근로자가 근로계약을 갱신해서 체류기간 연장이 필요한 경우 등 부여받은 체류기간이 만료되는 경우 체류기간 만료 전에 체류기간 연장허가를 받아야 함. **외국인 등록사항의 변경**(출입국관리법 제35조) 외국인 등록증을 받은 외국인 근로자는 성명, 여권의 번호, 발급일자 및 유효기간 등의 사항에 변경이 있는 경우에는 15일 이내에 체류지 관할 출입국관리사무소에 외국인 등록사항변경신고를 해야 함.

무엇이든 물어보세요!

Q 고용허가제에서는 어떤 국가의 근로자들이 우리나라에 입국해서 취업할 수 있나요?

A 고용허가제 인력 송출 국가로서 필리핀, 태국, 베트남, 스리랑카, 몽골, 인도네시아, 우즈베키스탄, 파키스탄, 캄보디아, 중국, 방글라데시, 네팔, 키르기즈스탄, 미얀마, 동티모르, 라오스 등 16개국과 인력 송출 MOU를 체결한 상태입니다.

Q 외국인 근로자와 1년 이상의 근로계약을 할 수 있나요?

A 종전에는 1년을 초과할 수 없었으나 법률의 개정에 따라 외국인 근로자가 입국한 날로부터 3년의 범위 이내에서 당사자 간의 합의에 따라 근로계약을 체결하거나 갱신할 수 있습니다(재고용의 경우 연장된 취업활동기간의 범위 내에서 근로계약 체결 가능).

Q 외국인 근로자 고용 시 임금은 어떻게 지급해야 하나요?

A 반드시 외국인 근로자의 임금 수준을 내국인 근로자와 동일하게 할 필요는 없으며 경력 및 생산성에 따라 합리적인 차등 지급이 가능합니다. 다만, 최저임금법에 의한 최저임금은 준수해야 합니다.

Q 고용하고 있는 외국인 근로자 체류기간이 만료되어가는데, 대체인력 신청이 가능한가요?

A 외국인 근로자의 취업기간(체류기간) 만료에 따른 출국 후 신규 외국인 근로자 고용에 따른 사업장 인력 공백을 최소화할 수 있도록 외

국인 근로자 출국 6개월 이전부터 대체인력에 대한 고용허가 신청이 가능합니다.

Q 고용하고 있는 외국인 근로자가 산재를 당했는데 출국해야 하나요?
A 외국인 근로자가 산재 등으로 더 이상 취업활동을 할 수 없는 경우, 관할 출입국관리사무소에 방문해서 원래의 체류자격(E-9)을 G-1(기타)으로 변경하면 치료기간만큼 국내에 체류할 수 있습니다.

Q 사용자가 부담한 외국인 근로자에 대한 취업교육비를 환급해준다고 하는데, 그 신청 절차는 어떻게 됩니까?
A 취업교육비 환급 사용자가 납부한 취업교육비에 대해 외국인 근로자 취업교육 수료 후 3년 이내에 사업장 관할 한국산업인력공단에 신청하면 고용보험의 능력개발훈련비에서 사업주에게 지원하게 됩니다. 신청서류는 사업주 직업능력개발 훈련비용 신청서, 직업능력개발 훈련 수료자 명부(다수인 경우), 교육수료증 사본, 교육비 납부 영수증 사본, 사업주 명의 통장 사본 등입니다.

7

우수인재 채용을 위한
'사이닝 보너스, 리텐션 보너스' 지급과
반환 약정의 효력

'사이닝 보너스, 리텐션 보너스'란

사이닝 보너스는 우수한 인력을 채용하기 위해 근로를 개시하지 않았음에도 전속 계약금으로 거액의 금액을 미리 지급하는 것을 의미하고, 리텐션 보너스는 재직 중인 핵심 인재에 대해 이직을 억제하고 고용을 유지하기 위해 근로관계 도중 거액의 금액을 지급하는 것을 의미합니다.

사이닝 보너스와 리텐션 보너스를 지급하는 이유는 핵심 인재를 유치해서 이직을 억제하고 일정 기간 재직을 강제하고자 함에 있습니다. 따라서 보너스를 지급함에 따라 그 대가로서 근로자에게 일정 기간 근무할 것을 요구하고 그 기간 전에 사직하는 경우 지급한 보너스의 전부 또는 일부, 혹은 그 이상을 반환하기로 약정하는 것이 일반적인 모습입니다.

이러한 경우, 사이닝 보너스와 리텐션 보너스의 반환 약정이 위약금을 예정한 계약에 해당하는 것이 아닌지에 대한 의문이 들 수 있고, 아울러 보너스의 반환을 약정한 것이 유효하게 인정받을 수 있는지에 대한 문제 또한 발생할 수 있습니다.

근로기준법 제20조 위약 예정의 금지 위반 여부

근로기준법 제20조에서는 '사용자는 근로계약 불이행에 대한 위약금 또는 손해배상액을 예정하는 계약을 체결하지 못한다'라고 규정하고 있는데, 사이닝 보너스와 리텐션 보너스 계약이 위약을 예정한 것인지와 관련해서 판례는 엇갈리고 있습니다. '근로자의 의사에 반해서 계속근로를 강제하는 것이 아니라고 하며 근로기준법 제20조 위반에 해당하지 않는다고 판단'한 경우도 있고, '근로기준법 제20조에 반해 무효'라고 판단한 경우도 있습니다.

이처럼 법원의 결과가 엇갈리고 있는 이유는 약정 기간 및 금액의 과다에서 찾아볼 수 있는데, 근로기준법 제20조 위반이라고 판단한 법원 판결에서는 '과도한 의무 재직 기간의 설정, 과도한 위반 시 배상액 책정'을 그 이유로 들고 있습니다. 결국 사이닝 보너스와 리텐션 보너스 계약 자체가 근로기준법 제20조 위약 예정의 금지라고 볼 수는 없을 것이고, 위반 시 근로자에 대한 재재의 정도를 합리적인 수준으로 정하고 있는지의 여부가 중요한 포인트라고 할 것입니다.

사이닝 보너스, 리텐션 보너스 반환 약정의 체결 기준

　법원에서는 과도한 의무 재직 기간의 설정과 과도한 위반 시 배상액 책정은 계약의 무효 사유라고 판단하고 있는바, 합리적인 수준에서 의무 재직기간을 설정하고 위반 시 재재액을 결정함이 필요합니다. 법원은 어느 정도 수준이 합리적인 의무 재직 기간의 설정인지, 합리적인 배상액의 책정인지에 대해서는 제시하고 있지 않으나, 3년 이상의 의무 재직 기간의 설정이나 지급액 이상의 금액을 반환하도록 하는 계약은 과도한 조건으로 보아 무효에 해당할 우려가 있다고 판단됩니다. 따라서 반환 약정을 체결함에 있어서 3년 이내의 의무재직기간 설정과 지급된 금액 정도를 상한으로 해서 반환조건을 설정하는 것이 바람직하다고 할 것입니다.

무엇이든 물어보세요!

Q 반환 약정을 체결하는 것과 체결하지 않는 것이 차이가 있나요?
A 물론입니다. 판례에 따른다면 의무재직기간 및 반환금액을 포함하는 약정서를 체결하지 않는 경우, 사이닝 보너스, 리텐션 보너스는 채용에 대한 대가(이직에 따른 보상이나 근로계약 체결에 대한 대가)로 비춰질 수 있는바 반환을 요청할 수 없습니다. 따라서 명확한 의무재직기간 및 반환금액을 포함한 약정서를 체결할 필요가 있습니다.

　※ 다음 페이지 샘플 참조

사이닝 보너스 계약서

본 계약은 의무근무기간 동안의 이직금지 및 전속근무 약속에 대한 대가 및 임금선급금으로서 사용자   와 근로자   는 다음과 같이 계약을 체결하고 상호 성실히 준수할 것을 확약한다.

제1조 계약의 성격
본 계약은 아래 정해진 의무재직기간 동안의 퇴사·이직 금지 및 전속근무 약정에 따른 대가로 계약 당사자에 한해 지급하는 금액으로서 근로계약상의 임금과는 별도로 지급된 금액임을 확인한다.

제2조 지급조건(의무재직기간)
① 사이닝 보너스 수령일로부터 (   ) 이내에 회사의 의사에 반해 퇴사하지 아니한다.
② 사이닝 보너스 수령일로부터 (   ) 이내에 경쟁업체로 전직하지 아니한다.

제3조 지급금액 및 반환조건
사이닝 보너스로 (   )의 금액을 지급하되 근로자가 사이닝 보너스를 지급받은 날로부터 (   )년 이내에 회사의 의사에 반해 사직하는 경우에는 지급받은 금액에서 (   )년을 채우지 못한 기간에 해당하는 비율의 돈을 반환하기로 한다.

20 년   월   일

사용자 :   (인 또는 서명)

근로자 :   (인 또는 서명)

8
의무재직기간과
연수비반환 약정의 효력

'의무재직기간과 연수비반환 약정'이란

 회사에서는 핵심인재를 육성하기 위해 해외 연수 교육을 시키면서 그에 발생하는 비용을 부담하는 경우가 있습니다. 이때 회사의 투자로 육성한 인재가 조기에 이직해서 손해가 발생하는 사례를 방지하기 위해 일정 기간 동안의 의무재직기간을 두는 계약을 체결하는 경우가 있습니다. 이러한 의무재직기간과 연수비반환 약정이 과연 유효한 계약의 형태인지, 위약금을 예정한 계약에 해당하는 것이 아닌지에 대한 문제가 발생할 수 있습니다.

근로기준법 제20조 위약 예정의 금지 위반 여부

 기업체에서 비용을 부담한 해당 교육비용의 전부 또는 일부를 상환하도록 하되 의무재직기간 동안 근무하는 경우에는 이를 면제하기로 하는 약정은 근로기준법 제20조에서 금지된 위약금 또는 손해배상의 약정이 아니므로 계약 자체는 유효하다는 것이 판례의 입장입니다.

다만 판례는 과도하게 긴 기간을 의무재직기간으로 설정하면 안 되고, 반환청구할 수 있는 대상의 금품은 연수기간 중 근로의 대가로 지급된 임금은 반환의 대상으로 삼을 수 없고, 실제 연수의 체류에 소요된 항공료, 숙박비 등은 반환의 대상으로 삼을 수 있다는 입장을 취하고 있습니다.

따라서 의무재직기간은 소요된 해외 연수 교육 기간을 초과하지 않는 범위 내에서 정할 필요가 있고, 반환해야 할 금품의 종류는 임금은 제외하고 교육 및 체류에 소요된 실비를 그 대상으로 해야 계약의 유효성을 인정받을 수 있을 것입니다.

무엇이든 물어보세요!

Q 해외 연수는 형식적 명분이고, 사실상 현지에서 근로를 제공한 경우에도 반환 약정이 유효한 것인가요?

A 해외 연수 계약이 형식에 불과하고 사실상 해외에 파견되어 현지에서 근로를 제공하는 경우라고 한다면, 연수 교육 훈련과의 목적과는 달라서 파견기간 중 지급된 임금, 체류비, 집세 등을 회사가 근로자에 대해 반환청구권을 갖는 금품이라고 보기 어려울 것입니다. 따라서 그러한 경우에는 반환 약정이 유효하다고 볼 수 없을 것이고, 위약금 또는 손해배상액을 예정하는 경우에 해당할 수 있다고 판단됩니다.

9

영업비밀 보호를 위한 경업금지약정

경업금지약정이란

경업금지약정이란 회사가 영업비밀 등의 회사기밀보호를 위해 근로자가 퇴직 후 사용자와 경쟁관계에 있는 업체에 취업하거나 스스로 경쟁업체를 설립하는 등의 경쟁행위를 하지 않을 것을 목적으로 체결하는 약정을 말합니다.

최근 대기업 반도체 핵심인력들이 외국 기업의 높은 연봉 제안에 경쟁업체로 이전하면서 우리나라 반도체 기술이 해외로 유출되는 사례가 국가적인 문제 이슈로 부각되고 있으며, 국내에서도 근로자가 퇴직 이후에 사용자와 경쟁관계에 있는 업체에 취업하거나 경쟁업체를 설립, 운영해서 영업비밀이 유출되는 문제가 이슈로 부각되고 있습니다.

개인의 직업선택의 자유와 기업의 영업비밀의 보호를 위한 자구노력이 충돌하며 기업의 영업비밀 보호 필요성이 대두되고 있는 상황입니다.

영업비밀 보호를 위한 경업금지약정의 체결

부정경쟁방지법상 직접적으로 경업을 금지하는 규정을 두고 있지는 않으나, 영업비밀 보호를 위한 행위의 금지 또는 예방의 청구가 가능하므로 실무적으로 경업금지약정의 체결은 가능합니다. 그러나 경업금지약정은 근로자의 직업선택의 자유와 충돌하므로 경업금지약정이 유효하기 위해서는 일정한 요건을 갖추어야 합니다.

판례는 사용자와 근로자 사이에 경업금지약정이 존재한다고 하더라도, 그와 같은 약정이 헌법상 보장된 근로자의 직업선택의 자유를 과도하게 제한하거나 자유로운 경쟁을 지나치게 제한하는 경우에는 민법 제103조에 정한 선량한 풍속 기타 사회질서에 반하는 법률행위로서 무효라고 판단합니다.

이와 같은 경업금지약정의 유효성에 관한 판단은 보호할 가치가 있는 사용자의 이익, 근로자의 퇴직 전 지위, 경업 제한의 기간·지역 및 대상 직종, 근로자에 대한 대가의 제공 유무, 근로자의 퇴직 경위, 공공의 이익 및 기타 사정 등을 종합적으로 고려해야 합니다.

결국, 근로자의 경업을 금지할 수 있는 합리성은 보호할 가치 있는 사용자의 이익과 근로자의 불이익(경업 제한의 기간 및 대상 직종 등)을 비교해야 할 것이며, 경업금지약정이 유효하기 위해서는 근로자의 경업 제한의 기간이 과도하게 장기간이어서는 안 되고, 경업이 제한되는 직종은 사용자의 영업비밀 업무와 직접 관련되는 직종으로 한정되어야 할 것입니다.

경업금지약정의 체결 방법

경업금지약정이 유효하기 위해서는 근로자의 경업 제한의 기간이 과도하게 장기간이어서는 안 됩니다. 경업 제한 기간의 유효성은 사안에 따라 다를 것이므로 단순하게 확정할 수는 없을 것이나 3년의 기간을 초과하는 경우, 과도한 기간의 설정으로 해석될 수 있으므로 주의가 필요합니다.

아울러 경업이 제한되는 직종은 사용자의 영업비밀 업무와 직접 관련되는 직무로 한정되어야 할 것입니다. 따라서 예컨대 반도체 관련 영업비밀이라면 반도체를 직접 활용해서 수행되는 직무로의 이직은 금지될 것이고, 반도체를 직접 활용하지 않는 직무로의 이직까지 금지할 것은 아닙니다.

영업비밀보호 및 경업금지약정서

주식회사   (이하 '회사')와   (이하 '퇴사자')가 퇴사함에 있어서 회사의 영업비밀 보호 및 경쟁업체에 대한 취업 제한과 관련해서 다음과 같이 계약을 체결한다.

제1조 목적
회사와 퇴사자는 회사의 영업비밀 보호 및 퇴사자의 취업 제한과 관련된 양 당사자의 권리의무를 정하기 위해 본 계약을 체결한다.

제2조 퇴사자의 경업금지의무
① 퇴사자는 회사에서 퇴직한 날로부터 (   )년의 기간 동안 다음

표에서 기재한 지역 내에서 다음 표에 기재한 업무와 관련해서 회사의 영업비밀, 영업자산을 포함해서 그 밖에 회사의 영업비밀 기타 주요 영업자산이 누설되거나 이용될 가능성이 있는 기업 또는 단체에 취업하거나, 그와 같은 기업 또는 단체를 설립해서는 아니 된다.
경업금지지역 :
경업금지업무 :
② 퇴사자는 취업 또는 설립하고자 하는 기업 또는 단체가 제1항에 따른 경업금지의 대상이 되거나 대상인지 여부가 불분명할 경우, 회사로부터 사전 서면 동의를 받은 이후 해당 기업 또는 단체에 취업하거나 설립해야 한다.

제3조 권리의무의 양도, 계약의 변경
① 각 당사자는 상대방의 사전 서면동의 없이 본 계약상의 권리의무를 제삼자에게 양도하거나 이전할 수 없다.
② 본 계약의 수정이나 변경은 양 당사자의 정당한 대표자가 기명날인 또는 서명한 서면합의로만 이루어질 수 있다.

제4조 분쟁의 해결
본 계약과 관련해서 분쟁이 발생한 경우 당사자의 상호 협의에 의한 해결을 모색하되, 분쟁에 관한 합의가 이루어지지 아니한 경우에는 (관할지방법원)을 제1심 관할법원으로 해서 소송을 통해 분쟁을 해결하기로 한다.

위와 같이 경업금지약정이 체결했음을 확인하며, 본 계약서 2통을 작성해서 각각 서명 날인 후 회사와 퇴사자가 각 1통씩 보관한다.

20 년   월   일

사용자 :　　　　　　　(인 또는 서명)
근로자 :　　　　　　　(인 또는 서명)

무엇이든 물어보세요!

Q 고객 정보를 취급해서 사업을 영위하는 경우, 고객 정보도 영업비밀이 될 수 있나요?

A '영업비밀'이라 함은 공연히 알려져 있지 아니하고 독립된 경제적 가치를 가지는 것으로서, 상당한 노력에 의해 비밀로 유지된 생산방법, 판매방법, 기타 경영활동에 유용한 기술상 또는 영업상의 정보를 말합니다.

따라서 고객 명부, 대리점 명부, 재료 및 상품의 구입처 정보, 가격표, 입찰계획, 판매계획, 판매통계, 발표되지 않은 대차대조표 및 재산목록, 합병계획서, 광고계획 등도 영업비밀이 될 수 있습니다.

III
근로시간과 휴식시간을 준수하며 일하자

1

근로시간과 연장근로의 제한

1일 8시간, 1주 40시간의 원칙

　1일 근로시간은 휴게시간을 제하고 8시간을 초과할 수 없으며, 1주간의 근로시간은 휴게시간을 제하고 40시간을 초과할 수 없습니다. 근로시간이란 작업의 개시로부터 종료까지의 시간에서 휴게시간을 제외한 실근로시간을 의미하며, 작업준비시간, 작업종료 후 청소시간 등도 사용자의 지휘·명령하에 이루어진다면 근로시간에 포함됩니다.

　보통 월요일부터 금요일까지 주5일 동안 9시에 출근해서 18시에 퇴근하는 '9 to 6'로 운영하는 형태이며, 일일 기준 9시간을 사업장에 체류하게 되고 점심시간 1시간을 제외하면 8시간을 근로하고 1주 기준 40시간을 근로하게 됩니다.

1주 40시간 근로의 예

월	화	수	목	금	토	일
8시간	8시간	8시간	8시간	8시간	휴무일	유급휴일

연장근로의 제한

근로기준법에서는 1일 8시간, 1주 40시간의 원칙을 두고 있으나 당사자 간의 합의가 있는 경우에는 1주간에 12시간을 한도로 근로시간을 연장할 수 있도록 규정하고 있습니다. 따라서 1주간의 근로시간은 52시간(40시간 + 12시간)까지 근로가 가능합니다.

이때의 연장근로는 당사자 간의 합의가 전제되는바 연장근로의 사유가 발생할 경우마다 근로자의 합의를 받아 실시할 수도 있으나 그때그때 별도로 합의해야 하는 번거로움이 발생할 수 있습니다. 따라서 애초에 입사 시 근로계약서를 체결할 때 '12시간의 범위 이내에서 연장근로가 발생할 수 있고 특별한 사정이 없는 한 근로자는 이를 수행해야 한다'라고 규정해서 포괄적인 합의를 받아두는 것도 실무적으로 도움이 될 수 있습니다.

특별한 근로시간의 제한

여성, 연소근로자 등의 경우 학업, 출산 등의 이유로 인해 과도한 근로시간의 책정이 불가능하도록 특별한 제한을 두고 있습니다. 일반근로자와 다른 기준이 적용되는바 까다로울 수 있어 실무적으로 구분해서 체크해두는 것이 법 위반을 방지하는 방법이 될 것입니다.

구분		기준근로시간		연장근로	야간, 휴일근로
	1일	1주	1주		
성인 근로자		8시간	40시간	당사자 간 합의로 1주일에 12시간 한도로 연장근로 가능	본인의 동의
연소근로자 (18세 미만)		7시간	35시간	당사자 간 합의로 1일 1시간, 1주 5시간 한도로 연장근로 가능	본인의 동의
여성 근로자	일반 근로자	8시간	40시간	당사자 간 합의로 1주일에 12시간 한도로 연장근로 가능	본인의 동의
	산후 1년이 경과되지 않은 근로자	8시간	40시간	단체협약이 있는 경우라도 1일 2시간, 1주일에 6시간, 1년에 150시간을 초과시간 외 근로 불가	고용노동부장관의 인가 필요
	임신 중인 근로자	8시간	40시간	불가	본인의 명시적 청구와 고용노동부장관의 인가 필요

무엇이든 물어보세요!

Q 마트에서 근무하는 관계로 토요일, 일요일에 근무하고 주중에 이틀 쉬는 구조입니다. 이런 경우에도 근로시간 위반의 문제는 없나요?

A 근로기준법에서는 1일 8시간 1주 40시간의 기준을 규정하고 있으나 이를 반드시 월요일부터 금요일까지로 해야 한다는 법률은 없습

니다. 따라서 사업 특성상 토요일·일요일 근무해서 평일로 취급하고 주중에 2일의 휴일을 부여하더라도 법 위반에 해당하지 않으며, 토요일·일요일 근무에 대해 휴일근로로 처리해줄 의무 또한 없습니다.

2

휴게시간·근로시간 여부 및 실근로시간 판단

휴게시간인지, 근로시간인지의 판단이 중요하다

우리나라 임금 구조는 근로시간을 기준으로 임금을 책정하는 형태로 이루어져 있는바 근로시간에 해당하는지의 여부는 임금과 직결되는 중요한 사항입니다. 근로시간은 출근해서 사업장에 머무르는 모든 시간을 의미하는 것이 아니고, 휴게시간은 근로시간에서 제외되며 임금 책정 대상 시간이 아닙니다.

근로시간이라 함은 근로자가 사용자의 지휘·감독 아래 종속된 시간을 뜻하는데, 노동력을 사용자의 처분 아래에 둔 실근로시간을 의미합니다. 근로시간 해당 여부는 사용자의 지시 여부, 업무수행의무 정도, 수행이나 참여를 거부한 경우 불이익 여부, 시간·장소 제한의 정도 등 구체적 사실관계를 따져서 판단해야 합니다.

휴게시간·대기시간의 근로시간 여부

근로자가 사용자의 지휘·감독에서 벗어나 자유롭게 이용이 보장된 시간인 경우에는 휴게시간으로 인정되며 회사에서의 점심시간도 휴게시간에 포함됩니다. 반면 자유로운 이용이 어려운 경우 사용자의 지휘·감독 아래에 있는 대기시간으로 보아 근로시간으로 인정될 수 있습니다.

[관련 사례] (대법 2006다41990, 2006-11-23) : 일부 경비원들이 작성한 확인서들을 근거로 해서 점심 및 저녁식사를 위한 휴게시간 심야의 수면시간을 인정할 것이 아니라, 점심·저녁 식사 및 심야시간의 근무 실태에 대해 구체적으로 심리해본 후 사용자인 피고의 지휘명령으로부터 완전히 해방되어 원고들의 자유로운 이용이 보장된 식사시간 및 수면시간이 주어진 것으로 인정되는 경우에 한해서 그 시간만을 실제 근로시간에서 제외했어야 할 것이다.

교육시간의 근로시간 여부

사용자가 의무적으로 하도록 되어 있는 각종 교육을 실시하는 경우 그 시간은 근로시간에 해당합니다. 그러나 근로자 개인적 차원의 법정의무이행에 따른 교육 또는 이수가 권고되는 수준의 교육을 받는 시간은 근로시간으로 보기는 어렵습니다.

[관련 사례] (근로개선정책과-2570, 2012-05-09) : 질의상 교육의 경우 방문건강관리사업에 종사하는 전문인력은 반드시 이수하도록 되어 있는

점, 교육참석이 사용자의 지시·명령에 의해 이루어진 점 등을 고려할 때, 동 교육시간은 근로시간에 포함된다.

출장시간의 근로시간 여부

근로시간의 전부 또는 일부를 사업장 밖에서 근로해서 근로시간 산정이 어려운 출장 등의 경우에는 소정근로시간 또는 통상 필요한 시간을 근로한 것으로 간주할 수 있습니다. 다만, 출장과 관련해서는 통상 필요한 시간을 근로자 대표와 서면합의를 통해 정해두는 것이 바람직합니다.

[관련 사례] (근기 68207-1909, 2001-06-14) 출장에 있어 통상 필요한 시간을 산정할 경우 출장지로의 이동에 필요한 시간은 근로시간에 포함시키는 것이 원칙이나 출퇴근에 갈음해서 출장지로 출근 또는 출장지에서 퇴근하는 경우는 제외할 수 있을 것임. 다만, 장거리 출장의 경우 사업장이 소재하는 지역에서 출장지가 소재하는 지역까지의 이동시간은 근로시간에 포함시키는 것이 타당하다고 사료된다.

접대시간의 근로시간 여부

업무 수행과 관련이 있는 제삼자를 소정근로시간 외에 접대하는 경우, 이에 대한 사용자의 지시 또는 최소한 승인이 있는 경우에 한해 근로시간으로 인정이 가능합니다.

[관련 사례] (서울중앙지법 2017가단5217727, 2018-04-04) : 원고의 이 사건 휴일골프와 관련해 피고가 그 업무 관련성 등을 인정해서 비용 등을 계산했고, 이 사건 휴일골프 중 상당수는 원고의 상사인 상무의 명시적·묵시적 지시에 의해 참여한 사정만으로는 이 사건 휴일골프가 사용자의 구체적인 지휘·감독하에 이루어진 것으로 볼 수 없고, 결국 근로기준법상 '근로시간'에 해당한다고 단정할 수는 없다.

회식시간의 근로시간 여부

회식은 근로자의 기본적인 노무 제공과는 관련 없이 사업장 내 구성원의 사기 진작, 조직의 결속 및 친목 등을 강화하기 위한 차원임을 고려할 때 일반적으로 근로시간이 인정되기 어렵습니다. 사용자가 참석을 강제하는 언행을 했다고 하더라도 그러한 요소만으로는 회식을 근로계약상의 노무 제공의 일환으로 보기 어려운 것입니다.

무엇이든 물어보세요!

Q 근로계약서에 휴식시간을 정해둔다면 모두 근로시간에서 제외되고, 임금 책정 대상 시간에서 제외할 수 있나요?

A 그렇지 않습니다. 비록 근로계약서상 휴식시간으로 명시되어 있다고 하더라도 실질적으로 사용자의 지휘·감독 아래에 있는 시간이었다고 한다면 근로시간으로 간주되고 임금이 지급되어야 합니다. 다만,

근로계약서에 명시되어 있는 경우 근로가 있었다는 입증을 근로자가 해야 하고, 근로계약서에 명시가 없는 경우 휴식시간이었다는 입증을 사용자가 해야 하므로 근로계약서에 명시해두는 것은 필요합니다.

3

유연근무제도
- 선택적 근로시간제

선택적 근로시간제도란

선택근무제는 회사에서 '반드시 근무하기로 정한 근로시간(근로일)' 이외 부분은 근로자 스스로 근로시간(근로일)을 조절·선택해서 업무를 하는 유연근무 제도를 말합니다.

전체 근로시간 안에서 출퇴근시간을 근로자가 자유롭게 결정할 수 있게 함으로써 워라밸을 도모하고 근로자의 개인 성향에 맞게 업무효율을 높이며 근무할 수 있는 제도입니다.

선택근무제 예시

유형	의무 근로시간	선택 근로시간	정산기간	1주 평균	표준 근로시간
근로시간 선택형	10:00~14:00	07:00~10:00, 14:00~20:00	1개월	40시간	8시간
근로일 선택형	월, 화, 목, 금 (1일 10시간 근무)	수요일 휴무			

도입 절차

| 근로자 대표와 서면합의 | ▶ | 개별 근로자와 근로계약서 변경 | ▶ | 취업규칙 변경 |

〈서면합의 포함 내용〉

1) 대상 근로자의 범위
예 : ○○부, ○○팀 등

2) 정산기간
예 : 1개월, 2주, 4주 등

3) 정산기간의 총근로시간
예 : 40시간×해당월의 역일수/7

4) 반드시 근로해야 할 시간대를 정한 경우 그 시작 및 종료 시각
예 : 13시~16시

5) 근로자가 그의 결정에 따라 근로할 수 있는 시간대를 정한 경우에는 그 시작 및 종료 시각
예 : 시작시간대 07시~10시, 종료시간대 16시~20시

6) 표준근로시간
예 : 1일의 표준근로시간은 8시간으로 한다.

〈근로계약서 예시〉

제○○조 근로일 및 근로시간

① 근로자가 취업규칙이 정하는 절차에 따라 선택근무제의 허가를 받은 경우, 하기의 선택적 근로시간대에서 근로일별 근로시간을 조절할 수 있다. 단, 의무근로시간에는 반드시 근로를 제공해야 한다.

〈취업규칙 예시〉

제○○조 선택근무제

① 사용자는 취업규칙 제○○조(근로시간)의 규정에도 불구하고 업무의 시작 및 종료 시각을 사원의 결정에 맡기기로 한 사원에 대해 근로자 대표와의 서면합의에 따라 다음 각 호의 사항을 정하면 1개월 이내의 정산기간을 평균해 1주간의 근로시간이 1주 40시간을 초과하지 아니하는 범위에서 1주간에 40시간을, 1일에 8시간을 초과해서 근로하는 선택적 근무제를 시행할 수 있다.

1. 대상 근로자의 범위 (15세 이상 18세 미만의 근로자는 제외한다)
2. 정산기간(1개월 이내의 일정한 기간으로 정해야 한다)
3. 정산기간의 총근로시간
4. 반드시 근로해야 할 시간대를 정하는 경우에

는 그 시작 및 종료 시각
5. 근로자가 그의 결정에 따라 근로할 수 있는 시간대를 정하는 경우에는 그 시작 및 종료 시각
6. 표준근로시간
② 제1항의 서면합의 당사자인 근로자 대표라 함은 근로자과반수 대표 노동조합이 있는 경우에는 노동조합 대표자, 과반수 대표 노동조합이 없는 경우에는 근로자 과반수를 대표해서 선출된 자를 말한다.

무엇이든 물어보세요!

Q 선택근무제 운영 시 연장근로수당, 야간근로수당을 지급해야 하나요?

A 선택근무제 운영 시 연장근로시간은 정산기간(1개월 이내 기간)을 평균한 1주간의 근로시간이 40시간을 초과한 근로시간을 말하며, 이러한 경우에는 연장근로수당을 지급해야 합니다.

특정 주의 근로시간이 40시간을 초과하더라도 정산기간을 평균해서 1주 40시간을 초과하지 않으면 연장근로수당은 발생하지 않습니다. 선택근무제를 운영하는 경우에도 야간시간(22시부터 익일 06시까지)에 근무할 경우 야간근로수당을 지급해야 합니다.

4

유연근무제도
- 재량 근로시간제

재량 근로시간제란

　재량근무제는 업무수행 방법과 시간의 배분문제를 본인의 재량에 맡기는 근로시간 제도로서, 실제 업무시간과 관계없이 당사자 간에 미리 합의한 시간을 근무한 것으로 인정하는 제도를 말합니다.
　신기술, 연구개발 등 고도의 전문 업무 종사자나 창의적 업무를 수행하는 경우에는 수행방법에서 보다 자율성이 필요하고 근로시간의 양보다는 성과의 질이 더 중요하므로, 근로자 개인에게 근로시간의 배분과 결정권을 부여하는 제도라고 할 수 있습니다.

도입 절차

| 근로자 대표와 서면합의 | ▶ | 개별 근로자와 근로계약서 변경 | ▶ | 취업규칙 변경 |

〈서면합의 예시〉
제1조 【목적】 이 합의서는 근로기준법 제58조 제3항과 취업규칙 제○조에 의해 재량 근로시간제에 필요한 사항을 정하는 것을 목적으로 한다.
제2조 【대상 근로자 범위】 다음 업무를 수행하는 근로자 중 본인이 재량근무를 신청하는 자에 한해서 재량근무제를 적용하기로 한다.
① 전산 시스템 개발 프로그래머(정보처리시스템의 분석 또는 설계 업무에 종사하는 자)
② 사보 및 계간지 제작 부서 소속 기자
제3조 【업무수행 방법】
① 제2조에 해당하는 근로자에 대해서는 업무수행방법 및 배분의 결정을 본인에게 위임하며, 회사는 구체적인 업무 지시를 하지 않는다.
② 전항에도 불구하고

〈근로계약서 예시〉
제○○조 업무 내용 및 수행 방법
① 수행업무의 내용 : 사보 및 계간지 제작(취재)
② 위 업무를 수행하는 동안은 업무수행의 방법 및 시간 배분의 결정을 근로자 본인에게 위임하며, 회사는 업무에 대한 구체적인 지시를 하지 않는다.
제○○조 근로시간
① 근로시간은 주 50시간을 근로한 것으로 간주한다.
② 전항에 의해 근로한 것으로 산정되는 시간 중 주 10시간은 연장근로로서 연장근로수당을 지급한다.
③ 휴게시간은 근로시간 4시간당 30분, 8시간당 1시간을 부여하며, 근로자 스스로 시간을 정해 사용하는 것으로 한다.

〈취업규칙 예시〉
제○○조 재량근무제
① 사용자는 취업규칙 제○○조(근로시간)의 규정에도 불구하고 업무의 성질에 비추어 업무수행 방법을 근로자의 재량에 위임할 필요가 있는 경우 재량근무제를 도입할 수 있다. 단, 재량근무제를 도입하고자 하는 업무는 근로기준법령에서 정한 다음 각 호의 업무에 해당되어야 한다.
1. 신상품 또는 신기술의 연구개발이나 인문사회과학 또는 자연과학분야의 연구 업무
2. 정보처리시스템의 설계 또는 분석 업무
3. 신문, 방송 또는 출판사업에서의 기사의 취재, 편성 또는 편집 업무
4. 의복·실내장식·공업제품·광고 등의 디자인 또는 고안 업무
5. 방송 프로그램·영화 등의 제작 사업에서의

회사는 업무의 결정 및 내용에 관한 지시, 직장질서 및 시설관리상의 지시는 할 수 있다.

제4조 【근로시간의 산정】

① 제2조 제1항에 해당하는 근로자는 다음 각 호의 방법으로 근로시간을 산정한다.

1. 프로그래머가 특정 프로그램 개발업무에 투입될 때에는 개발·완료하는 데 필요한 기간을 정하고 해당기간 동안 매월 실근로시간을 기준으로 200시간을 근무한 것으로 간주한다.

2. 전항에 의해 근로한 것으로 산정되는 근로시간 중 매월 26시간은 법정 기준근로시간을 초과한 것으로 이에 대해서는 연장근로수당을 지급한다.

3. 휴게시간은 근로시간 4시간당 30분, 8시간당 1시간을 부여하며, 근로자 스스로 시간을 정해 사용하는 것으로 한다.

② 제2조 제2항에 해당하는 근로자는 다음 각 호의 방법으로 근로시간을 산정한다.

프로듀서나 감독 업무

6. 그 밖에 고용노동부장관이 정하는 업무

② 제1항에 해당되는 업무를 수행하는 근로자에 대한 재량근무제를 도입하기 위해서는 다음 각 호의 사항이 포함된 내용에 대해 근로자 대표와 서면합의를 체결해야 한다.

1. 대상 업무

2. 사용자가 업무의 수행 수단 및 시간 배분 등에 관해 근로자에게 구체적인 지시를 하지 아니한다는 내용

3. 근로시간의 산정은 그 서면 합의로 정하는 바에 따른다는 내용

③ 재량근무제를 운영과 관련한 세부사항은 유연근무제 지침에 따르도록 한다.

1. 사보 및 계간지 제작 부서 소속 기자는 주 소정근로일에 1일 10시간을 근로한 것으로 간주한다.
2. 전항에 의해 근로한 것으로 산정되는 시간 중 1일 2시간은 법정 기준 근로시간을 초과한 것으로 이에 대해서는 연장근로수당을 지급한다.
3. 휴게시간은 근로시간 4시간당 30분, 8시간당 1시간을 부여하며, 근로자 스스로 시간을 정해 사용하는 것으로 한다.

제5조【야간 및 휴일 근로】 근로시간 배분 및 업무수행의 방법에 관해 근로자 재량에 맡기므로 특별한 사정이 없는 한 야간 근로 및 휴일근로는 인정하지 아니한다.

제6조【유효기간】 이 합의서의 유효기간은 20○○년 ○월 ○일부터 1년간으로 하되, 유효기간 만료 1개월 전까지 개정 관련 별도 의견이 없는 경우에는 그 후 1년간 자동갱신 되는 것으로 하며, 그 이후에도 또한 같다.

무엇이든 물어보세요!

Q 재량근무제 운영 시 연장근로, 야간근로, 휴일근로에 수당을 지급해야 하나요?

A 재량근무제를 운영하더라도 서면합의로 정한 근무시간이 법정 기준근로시간(1주 40시간)을 초과할 경우에는 연장근로수당을 지급해야 합니다. 또한 서면합의로 정한 근무시간 중 야간근로(22:00~익일 06:00)가 포함되어 있는 경우에는 야간근로수당도 지급해야 합니다. 재량근무제 유형 중 완전 자율 근무형의 경우, 소정근로일을 정하지 않기 때문에 휴일근로 문제는 발생하지 않습니다.

5

유연근무제도
- 재택근무제

재택근무제란

　재택근무제는 근로자가 정보통신기술을 활용해서 근로의 전부 또는 일부를 사무실이 아닌 자택 등을 이용해서 제공하는 제도입니다.
　코로나19로 인해 재택근무의 사용빈도가 높아졌고 근로자 개인들의 선호도도 높아 향후 더욱 적극적으로 활용될 제도로 각광받고 있습니다.

도입 절차

근로자 대표와 서면합의	▶	개별 근로자와 근로계약서 변경	▶	취업규칙 변경
〈서면합의 예시〉 제1조(대상의 범위) 이 합의서는 다음 각 호		〈근로계약서 예시〉 제○○조 근무장소 ① 근무장소는 근로자의		〈취업규칙 예시〉 ① 회사는 근로시간의 전부 또는 일부를 자택

에 해당하는 업무에 종사하는 근로자에게 적용한다.
1. 경리업무
2. 경영관리업무
3. 생산관리업무
4. 품질관리업무

제2조(재택근무제의 유형의 선택)
① 제1조에 해당하는 근로자는 재택근무제 운영지침에 따른 재택근무제를 신청할 수 있으며, 회사는 대상 근로자의 재택근무 신청 유형을 고려해서 적용 유형을 결정하되, 대상 근로자는 회사가 결정한 재택근무 유형의 결정에 따라야 한다.
② 전조에 해당하는 직원은 주 1일 8시간 재택, 주 4일 8시간 사무실 근무하는 형태로 하는 것을 원칙으로 한다.

제3조(업무의 수행방법)
① 세1소에서 정한 직원에 대해서는 원칙적으로 그 업무수행의 방법 및 시간 배분의 결정 등을 본인에 위임하고 회사는 구체적 지시를 하지 않는다. 다만, 해당 직원에 대해 회사는 수행해야 할 정기적인 업무 내용 자택으로 한다. 만약 자택 이외의 장소에서 근무하고자 하는 경우에는 부서장에게 사전에 신고해서 허가를 득해야 한다.
② 매주 수요일은 본사 사무실에서 근무해야 한다.

제○○조 근무시간
근무시간은 일 8시간으로 하며 22시부터 6시까지는 근무하지 않는다. 다만, 사전에 회사의 승인을 득한 경우 근무할 수 있다.

에서 근로를 희망하는 근로자에게 재택근무제를 도입할 수 있다.
② 재택근무제를 실시하는 근로자의 근로시간은 1일 8시간을 근로한 것으로 본다. 다만 수행업무에 따라 근로시간을 별도로 정할 수 있으며 근로자 대표와 서면합의로 근로시간을 정한 경우에는 이에 따른다.
③ 재택근무자가 연장, 야간, 휴일근로를 하고자 하는 경우에는 사전에 부서장의 승인을 받아야 하며, 이때에는 통상임금의 50%를 가산해서 지급한다.
④ 업무회의, 업무지시, 업무수행평가, 교육, 행사 등의 사유로 인해 회사의 출근 요청이 있는 경우에는 이에 따라야 하며 월 정기 출근일이 정해저 있는 경우 이를 준수해야 한다.

을 지시하거나 일정 단계에서 보고하게 할 수 있다.
② 제1항에도 불구하고 업무수행과 직접 관련이 없는 직장 질서 또는 회사 내 시설 관리상의 지시는 할 수 있다.
③ 재택근무자는 회사가 재택근무자에 대한 근태관리를 할 수 있도록 매일의 업무일지를 작성해서 제출해야 한다.
제4조(근로시간의 산정)
제1조에 정한 직원은 재택근무제 운영지침 제○○조에서 정하는 바와 같이 근로시간과 관계없이 1일 8시간 근로한 것으로 간주한다.

무엇이든 물어보세요!

Q 재택근무제 운영 시 연장근로수당, 야간근로수당을 지급해야 하나요?

A 사용자의 지시에 따라 특정업무를 수행하는 데 필요한 시간에 연장, 야간, 휴일근로가 발생하는 경우 원칙적으로 그에 대한 연장근로, 야간근로수당을 지급해야 합니다. 다만, 일반적인 근로자가 연장, 야간, 휴일근로를 사전에 신청해서 사용자의 허가를 받도록 하는 유사한 절차를 마련하는 것(사전 승인 제도)이 바람직합니다.

6

감시단속적 근로자의 근로시간, 휴게와 휴일 적용 제외

감시단속 근로자 일부 법 적용 제외

정신적, 육체적 피로도가 비교적 낮은 아파트 경비원, 임원 운전기사, 당직근로자 등 감시 또는 단속적 근로자는 근로가 간헐·단속적으로 이루어지고 휴게시간·대기시간이 많은 업무의 특성을 고려해서 고용노동부장관의 승인을 받은 경우, 근로기준법상 근로시간, 휴일, 휴게의 적용을 제외할 수 있도록 예외를 두고 있습니다.

감시단속 근로자의 법 적용 제외 요건

고용노동부 장관으로부터 감시, 단속적 근로자 승인을 받게 되면, 근로시간 제한(법정근로시간, 연장근로시간 제한), 연장·휴일근로수당 가산지급(50% 가산지급), 휴게시간 부여(4시간에 30분 부여) 등의 근로기준법 규정이 적용되지 않습니다.

단, 감시 단속적 근로자에게도 야간근로 가산 지급에 관한 규정은 적용되어 저녁 10시부터 새벽 6시까지의 시간에 대해서는 야간근로 가산수당을 지급해야 하고, 근로자의 날 또한 유급으로 보장하고 근로를 제공하는 경우에는 추가로 휴일근로수당을 지급해야 합니다(단, 이 경우 50% 가산수당은 지급의무 없음).

구분	적용 규정	미적용 규정
근로시간	-	주 40시간, 연장 12시간 한도
수당	야간근로 가산수당	연장·휴일근로 가산수당 주휴수당
휴게·휴가	연차유급휴가	휴게시간

고용노동부 감시·단속적 근로자 승인 기준

감시적 근로자 승인기준(아래 모든 요건을 충족해야 함)

1	수위·경비원·물품감시원 또는 계수기감시원 등과 같이 심신의 피로가 적은 노무에 종사하는 경우. 다만, 감시적 업무이기는 하나 잠시도 감시를 소홀히 할 수 없는 고도의 정신적 긴장이 요구되는 경우는 제외
2	감시적 업무가 본래 업무이나 불규칙적으로 단시간 동안 타 업무를 수행하는 경우. 다만, 감시적 업무라도 타 업무를 반복해서 수행하거나 겸직하는 경우는 제외
3	사업주 지배하에 있는 1일 근로시간이 12시간 이내인 경우 또는 다음 어느 하나에 해당하는 격일제(24시간 교대) 근무의 경우 　가. 수면 또는 휴게시간이 8시간 이상 　나. 당사자 간 합의가 있고 다음 날 24시간 휴무가 보장되는 공동주택 경비원

4	근로자가 자유 이용할 수 있고 다음 기준을 충족하는 별도 수면 또는 휴게시설이 마련된 경우(단, 충분한 공간·시설이 마련된 경우는 별도 장소가 아니어도 가능) 　가. 적정 실내 온도 유지 가능한 냉·난방 시설(여름 20~28℃, 겨울 18~22℃) 　나. 유해물질이나 수면·휴식을 취하기 어려울 정도의 소음에 노출되지 않을 것 　다. 식수 등 최소한의 비품을 비치하고, 주기적인 청소 등을 통해 청결을 유지하며, 각종 물품을 보관하는 수납공간으로 사용하지 않을 것 　라. 야간에 수면 또는 휴게시간이 보장된 경우는 몸을 눕혀 수면 또는 휴식을 취할 수 있는 충분한 공간과 침구 등 필요한 물품 등이 구비되어 있을 것
5	근로자가 근로시간 등 적용 제외를 알 수 있도록 근로계약서·확인서 등에서 명시하고 다음 근로조건을 보장하는 경우 　가. 휴게시간(수면시간 포함)이 근로시간보다 짧을 것. 단 사업장 특성상 불가피성이 인정되고 휴게시간에 사업장을 벗어나는 것이 허용될 경우는 예외 　나. 휴게시간 보장을 위한 외부 알림판 부착, 소등 조치, 고객(입주민) 안내 등 조치 　다. 월평균 4회 이상의 휴(무)일을 보장

단속적 근로자 승인기준 (아래 모든 요건을 충족해야 함)

1	평소 업무는 한가하지만 기계고장 수리 등 돌발적 사고발생에 대비해 간헐적·단속적으로 근로가 이루어져 휴게 또는 대기시간이 많은 업무
2	실 근로시간이 8시간 이내이면서 전체 근무시간의 절반 이하인 업무. 다만, 격일제(24시간 교대)의 경우 당사자 간 합의가 있고, 실 근로시간이 전체 근무시간의 절반 이하이면서 다음 날 24시간 휴무 보장
3	수면·휴게시설 기준 : 감시적 근로자와 동일
4	근로조건의 보장 : 감시적 근로자와 동일

무엇이든 물어보세요!

Q 감시단속 근로자가 휴게시간 도중 돌발상황의 수습을 위해 대응한 시간도 근로시간에 해당하나요?

A 휴게시간 도중 갑작스럽게 화재가 발생해서 화재 진압을 위해 대응한 시간, 야간 휴게시간 도중 학교에 무단으로 외부인이 침입해서 이에 대응한 시간 등 돌발상황의 수습을 위해 대응한 시간도 근로시간으로 인정될 수 있습니다.

IV

휴일과 휴가를 부여하며 균형 있게 일하자

1

근로기준법에 따라
연차유급휴가를 부여할 의무

연차유급휴가란

　연차유급휴가란 근로기준법에 정해져 있는 근로자의 권리로서, 근로의 의무가 있는 날에 휴가를 사용하고 일하지 않아도 임금이 지급되는 휴가 제도를 말합니다. 상시 근로자 5인 이상 사업장에서 4주 동안을 평균해서 1주간 소정근로시간이 15시간 이상인 근로자인 경우라면 누구나 연차유급휴가가 발생합니다.

　연차유급휴가는 입사 후 최초 1년 기간 동안에는 매월 개근 시 1일의 연차유급휴가가 발생해 1년간 최대 11개의 휴가가 발생하고, 최초 1년 이후의 시간부터는 1년간 80% 이상 출근율에 따라 1년에 15일의 연차유급휴가가 발생합니다. 또한, 장기근속한 근로자에 대해서는 가산연차가 적용되어 3년 이상 계속해서 근로한 근로자에게는 최초 1년을 초과하는 계속 근로 연수 매 2년에 대해 1일을 가산한 유급휴가를 주어야 하고, 이 경우 가산휴가를 포함한 총휴가일수는 25일을 한도로 합니다.

연차유급휴가의 부여 기준

1년 미만 근로자의 연차유급휴가

1년 미만자의 경우 과거 월차유급휴가의 개념이 적용되어 1개월 만근 시 1일의 연차유급휴가가 발생합니다. 1개월 만근 시 1일의 휴가 개념으로 1년간 총 11개의 연차유급휴가가 발생할 수 있으며, 1개월 만근의 조건이 요구되는바 결근으로 만근이 없는 달의 경우에는 당연히 연차유급휴가가 발생하지 않습니다.

1년 이후 근로자의 연차유급휴가

근속기간 1년 이상 근로자는 전년도 출근율이 80% 이상일 때 15개의 연차유급휴가가 발생하고, 전년도 출근율이 80% 미만인 경우는 출근율을 산정했던 1년 중 개근한 개월 수만큼의 연차유급휴가가 발생합니다.

- 가산휴가의 발생 : 3년 이상 근속하고 전년도 출근율이 80% 이상인 근로자에 대해 계속근로연수 매 2년에 대해서 1일을 가산한 유급휴가가 최대 25일까지 부여됩니다.

0년 차	1년 차	2년 차	3년 차	4년 차	5년 차	10년 차	15년 차	20년 차	21년 차 이상
11일	15일	15일	16일	16일	17일	19일	20일	24일	25일

연차계산을 위한 1년간 출근율 80% 판단 기준

전년도에 1년간 80% 이상 출근 시 15개의 연차유급휴가가 전부 발생하는데, 여기서 연차유급휴가 출근율은 근로자가 출근한 일수를 소정근로일로 나누어 산정합니다. '소정근로일'이란, 법령의 범위 내에서 근로자와 사용자가 근로하기로 정한 날로서 유급휴일 등을 제외한 근로 제공 의무가 있는 날을 말합니다(일반적인 사업장은 출근의 의무가 있는 월요일부터 금요일까지가 소정근로일임).

[출근율 = 출근일수(분자) / 소정근로일수(분모)]

- 주휴일, 근로자의 날 등 법정휴일 및 약정휴일 ⇨ 소정근로일수를 계산함에 있어 이를 제외(분자와 분모에서 모두 제외)
- 사용자의 귀책 사유로 인해 휴업한 기간이나 적법한 쟁의행위 기간 등 특별한 사유로 근로 제공의무가 정지되는 기간 ⇨ 소정근로일수를 계산함에 있어 이를 제외(분자와 분모에서 모두 제외)
- 업무상 재해로 인해 휴업한 기간, 출산전후휴가 유사산 휴가기간, 법정 육아휴직 기간, 배우자 출산휴가 연차유급휴가 등 법정휴가기간, 예비군 훈련기간, 공민권 행사를 위한 휴무일 ⇨ 소정근로일수에 포함하되 실제 출근은 하지 않았지만 출근한 것으로 간주(분모와 분자 모두 포함)
- 불법 쟁의행위 기간이나 근로자 귀책 사유로 인한 정직·직위해제 기간 등 근로자의 귀책 사유에 의힌 결근 ⇨ 소정근로일수에 포함하되 결근한 것으로 처리(분모에는 포함하되 분자에서는 제외)

무엇이든 물어보세요!

Q 1월 1일부터 12월 31일까지 딱 1년만 근무하고 퇴사하는 경우 11개의 연차유급휴가가 발생하나요, 26개(11개+15개)의 연차유급휴가가 발생하나요?

A 과거 노동부 행정해석에서는 1년(365일)의 근로를 마치고 바로 퇴직하는 경우, 15개의 연차유급휴가 미사용 수당을 청구할 수 있다고 보았는데, 1년간 근로관계가 존속하고 80% 이상 출근해도 그 1년의 근로를 마친 다음 날(366일째) 근로관계가 있어야 15일의 연차유급휴가가 발생한다고 행정해석을 변경했습니다.

따라서 1년만 근무하고 퇴사하는 경우에는 15일의 연차유급휴가를 추가로 받을 수 없고, 1년하고 1일을 더 근무해야 15일의 연차유급휴가가 발생하므로 1월 1일부터 12월 31일까지 딱 1년만 근무하고 퇴사하는 경우 11개의 연차유급휴가만 부여하면 됩니다.

2

연차유급휴가의 편리한 운영을 위한 '회계연도 기준' 부여

회계연도 기준 부여의 실무상 필요성

본래 연차유급휴가는 근로자의 입사일 기준으로 관리하고 부여해야 하나, 입사일이 다른 개별 근로자들의 연차를 일일이 관리하기 어려운 실무상 애로사항이 존재합니다. 따라서 회사에서는 노무관리의 편의를 위해 '회계연도 기준'으로 모든 근로자에게 연차유급휴가를 일률적으로 부여하고 관리한 후 퇴직 시 개인별 입사일을 기준으로 재정산하는 경우가 많이 있습니다. 이를 연차유급휴가의 회계연도 부여 방식으로 지칭하는데, 연차유급휴가 부여 방식에 따라 산정되는 연차유급휴가일수가 달라질 수 있고, 연차유급휴가 부여에 대해 회사마다 조금씩 다른 방식을 취하고 있습니다.

회계연도 기준 부여를 위한 계산 원리

취업규칙에 따라 회계연도 기준 연차 부여가 가능하다

연차유급휴가를 부여하기 위한 출근율 산정 대상 기간의 기산일은 근로자의 입사일을 기준으로 산정함이 원칙입니다. 그러나 사업장의 노무관리 편의를 위해 취업규칙으로 정해서 전 근로자에게 회계연도(1. 1~12. 31)를 기준으로 일률적으로 기산일을 정해서 운영할 수 있습니다.

> **취업규칙 규정 예시**
>
> 취업규칙 제○○조 (연차유급휴가의 회계연도 부여)
> ① 연차유급휴가 산정은 회계연도 기준에 맞추어 매년 1월 1일부터 12월 31일까지로 한다.

퇴사 시 입사일 기준으로 재정산해야 한다

회계연도 기준으로 연차유급휴가를 부여하는 경우 연도 중에 입사한 근로자에게 불리하지 않도록 제도를 설계해야 합니다. 따라서 퇴사 시점에 그동안 회계연도 기준으로 부여된 연차유급휴가 개수와 입사일 기준으로 부여했다면 발생했을 연차유급휴가 개수를 비교해서 재정산해주어야 합니다(퇴직 시점에 입사일을 기준으로 산정한 휴가일수와 회계연도 기준으로 부여한 휴가일수를 비교해서 입사일 기준 휴가일수에 미달하지 않도록 보전 필요).

회계연도 연차유급휴가 산정방법
[고용노동부 개정근로기준법 설명자료]

① 회계연도 중 입사한 근로자

회계연도 중에 입사한 근로자에 대해서는 비례부여연차와 1년 미만에 따라 발생하는 연차유급휴가일수를 합해 다음 회계연도 1월 1일에 부여합니다.

회계연도 중 입사자 연차유급휴가 산정 기준

㉠ **비례부여** : 당해 회계연도 중 입사 시부터 종료 시까지 근무기간에 비례해서 부여하는 연차유급휴가일수

(근무기간 비례부여방법 : 15일 × 근무기간 총일수 / 회계연도 총일수)

㉡ **1년 미만** : 입사일부터 근무기간이 1년이 되기 전까지 1월 개근 시 1일씩 발생하는 연차유급휴가일수

예시) 회계연도 중 입사자 연차유급휴가 산정

2023년 7월 1일 입사자 회계기준 연차 발생 개수

발생시점 산정기준	2023.8.	2023.9.	2023.10.	2023.11.	2023.12.	2024.1.	2024.2.	2024.3.	2024.4.	2024.5.	2024.6.	합계
㉠ 비례 부여						7.5						**7.5개**
㉡ 1년 미만	1	1	1	1	1	1	1	1	1	1	1	**11개**
누계	1	2	3	4	5	13.5	14.5	15.5	16.5	17.5	18.5	**18.5개**

단, 근무기간이 1년 미만의 경우 1월 개근 시 1일씩 발생/부여하는 연차유급휴가에 대해서는 최초 1년의 근로가 끝날 때까지 사용해야 합니다. 예컨대 2023년 7월 1일 입사자는 1개월 개근 시 발생하는 11개의 연차유급휴가를 2023년 6월 31일까지 사용해야 하며 사용하지 않는 경우 연차유급휴가 청구권은 소멸되고, 사용하지 않은 연차유급휴가 일수에 대해서는 수당으로 지급되어야 할 것입니다.

② 근무기간이 1년 이상인 근로자의 경우

- 회계연도 기준 1년간 80% 이상 출근하는 경우 : 15일 + @ (근속연수에 따라 가산)
  - 1년(1월 1일~12월 31일) 동안 전체 근무일의 80% 이상 출근하는 경우에는 15일의 연차유급휴가를 부여하며 근속연수에 따라 가산 연차유급휴가가 발생합니다.
- 회계연도 기준 1년간 80% 미만 출근하는 경우 : 개근한 월에 한해 1일씩 부여
  - 1년(1월 1일~12월 31일) 동안 전체 근무일의 80% 미만 출근하는 경우에는, 15일의 연차유급휴가는 발생하지 않고, 이때에는 월별 개근 여부에 따라 월 1일의 연차유급휴가를 부여합니다.

③ 입사일별 연차유급휴가 산정 예시

• 2023년 7월 1일입사자 기준

구분	2024.1.1	2025.1.1.	2026.1.1.	2027.1.1.	2028.1.1.	2029.1.1.
연차 개수	㉠ 13.5일	㉡ 20일	15일	16일	16일	17일

㉠ 13.5일 : 고용노동부 연차산정 기준에 따라 13.5일(①+②) 부여

① 근무기간 비례 : 15일 × 근무기간 / 회계연도(2023. 1. 1~2023. 12. 31) = 7.5일
② 1년 미만 연차(매월 개근 전제) : 2023. 7. 1~2023.12. 31 = 6일

※ 단, 2023년 7월 1일 입사자의 경우 2024년 1월 1일에 부여된 연차유급휴가 13.5일을 초과해서 추가사용을 요청하면, 회사에 따라 2024. 1. 1~2024. 5. 31까지 개근하는 경우 발생하는 연차유급휴가 5개 중 n개를 당겨서 선 사용할 수 있도록 부여합니다.

㉡ 20일 : 전년도 1년간 80% 이상 출근했을 경우 발생하는 연차유급휴가 15일 + 2024. 1. 1~2024. 5. 31까지 매월 개근 시 1일씩 발생하는 연차유급휴가 5일(n일을 당겨서 사용하는 경우 5-n일)

• 2023년 1월 1일 입사자 기준

구분	2024.1.1.	2025.1.1.	2026.1.1.	2027.1.1.	2028.1.1.	2029.1.1.
연차 개수	㉠ 26일	㉡ 15일	16일	16일	17일	17일

㉠ **26일** : 고용노동부 연차산정 기준에 따라 26일 부여

> ① 근무기간 비례 : 15일 × 근무기간 / 회계연도(2023. 1. 1~2023. 12. 31) = 15일
> ② 1년 미만 연차(매월 개근 전제) : 2023. 1. 1~2023. 12. 31 = 11일

㉡ **15일** : 전년도 1년간 80% 이상 출근했을 경우 발생하는 연차유급휴가 15일

※ 2023. 1. 1~2023. 11. 30까지 발생한 11일의 연차유급휴가는 2023. 12. 31까지 사용 가능

무엇이든 물어보세요

Q 회계연도 기준으로 부여한 후 근로자의 퇴직 시 입사일 시점으로 재정산해서 초과 사용한 연차가 있다면 환수 또는 지급할 급여에서 삭감할 수 있나요?

A 취업규칙에 별도의 규정이 존재하는 경우에 한해서 가능합니다. 노동부 행정해석에서는 '입사일을 기준으로 산정한 법정휴가일수보다 많은 경우에는 그 초과하는 일수에 대해서는 퇴직 시점에 입사일 기준으로 재산정한다는 별도의 단서가 없는 한 발생한 휴가일수 전체를 부여해야 한다(임금근로시간정책팀-489, 2008. 2. 28)'라는 입장입니다. 따라서 취업규칙에 '회계연도 기준으로 부여하되 퇴직 시 입사일자 기준으로 재정산한다'라는 취지의 규정을 포함해두어야 할 것입니다.

3

연차유급휴가 미사용 수당

다 쓰지 못한 연차유급휴가는 돈으로 보상

연차유급휴가 미사용수당은 근로자가 이미 발생한 연차유급휴가를 사용하지 않고 근로를 할 경우, 남아 있는 연차유급휴가에 대해 보상의 의미에서 지급하는 수당을 의미합니다. 수당청구권은 연차유급휴가청구권이 소멸되는 시점에 비로소 발생하며, 연차유급휴가수당도 임금에 해당하므로 근로기준법 제49조 임금의 시효 규정이 적용되어 3년간 행사하지 않으면 소멸시효가 완성됩니다.

내용

수당 청구권 발생 시점

근로자가 전전년도 근로의 대가로 발생한 연차유급휴가를 전년도에 사용하지 않고 근로를 제공한 경우, 연차유급휴가청구권이 소멸된 다음 날에 연차유급휴가 미사용수당청구권이 발생합니다.

이 경우, 전년도에 사용하지 않고 근로를 제공한 연차유급휴가일수에 대해 취업규칙이나 그 밖의 정하는 바에 따라 통상임금 또는 평균임금을 지급해야 합니다.

연차유급휴가 미사용수당은 취업규칙 등으로 연차유급휴가청구권이 소멸된 날 이후 첫 임금지급일에 지급하는 것으로 규정해도 근로기준법 위반으로 볼 수는 없습니다.

퇴직근로자의 경우

퇴직근로자의 경우 퇴직 전년도(예 : 2023년도) 출근율에 의해 퇴직연도(예 : 2024년)에 발생한 연차유급휴가청구권이 근로관계가 종료됨에 따라 발생하며, 이 경우 사용자는 퇴직연도의 휴가 사용 가능일수에 상관없이 미사용한 연차유급휴가일수에 대해 퇴직일로부터 14일 이내에 취업규칙이나 그 밖의 정하는 바에 의한 통상임금 또는 평균임금을 지급해야 합니다.

연차유급휴가 미사용수당의 퇴직금 산정을 위한 평균임금 포함 기준

① 퇴직하기 전 이미 발생한 연차유급휴가 미사용수당

퇴직하기 전에 이미 연차유급휴가 미사용수당 청구권이 발생한 경우에는 퇴직금 산정을 위한 평균임금에 포함이 됩니다. 따라서 퇴직 전전년도 출근율에 의해서 퇴직 전년도에 발생한 연차유급휴가 중에서 미사용한 일수를 퇴직년도에 수당으로 지급한 금액의 3/12이 '퇴직금 산정을 위한 평균임금 산정 기준임금'에 포함됩니다.

② 퇴직으로 인해 발생한 연차유급휴가 미사용수당

퇴직으로 인해 비로소 지급 사유가 발생한 연차유급휴가 미사용수당은 퇴직금 산정을 위한 평균임금에 포함되지 않습니다. 따라서 퇴직 전년도 출근율에 의해 퇴직년도에 발생한 연차유급휴가를 미사용하고 퇴직함으로써 비로소 지급 사유가 발생한 연차유급휴가 미사용수당은 '퇴직금 산정을 위한 평균임금 산정 기준임금'에 포함되지 않습니다.

무엇이든 물어보세요!

Q 1일 8시간, 1주 40시간의 소정근로를 하고 기본급 2,060,740원을 받는 직원의 연차유급휴가 미사용수당은 어떻게 계산하나요?

A 연차유급휴가 미사용수당의 계산은 다음과 같습니다.

- 통상시급 : 기본급 2,060,740원 / 209시간 = 시급 9,860원
- 1일의 통상임금 : 9,860원 × 8시간 = 78,880원
- 연차유급휴가 미사용수당 : 78,880원 × 연차유급휴가 잔여일수

4 연차유급휴가 사용촉진제도

휴가는 돈으로 보상받기보다 사용이 먼저다

연차유급휴가는 근로에서 벗어나 근로자의 심신 회복, 여가 생활 향유를 위한 제도로서 임금을 보전하기 위한 취지가 아닌 휴가의 부여가 본래의 목적입니다. 이에 적극적인 휴가 사용을 유도하기 위해 근로기준법에서는 연차유급휴가 사용촉진제도를 두고 있습니다.

사용촉진제도란 사용자가 근로기준법 제61조에 따라 근로자의 연차유급휴가 사용을 촉진했음에도 근로자가 연차유급휴가를 사용하지 않는 경우라면, 설령 전부 사용하지 못한 연차유급휴가가 있다고 하더라도 미사용 연차유급휴가에 대한 사용자의 금전보상책임을 면제하는 제도를 의미합니다.

법에서 정하는 사용촉진절차를 모두 거쳐야 유효하다

1년 이상 근로자에 대한 사용촉진절차

촉진제도 절차	실시 기간
미사용 연차유급휴가 일수 통지 및 연차유급휴가 사용시기 지정 촉구	7월 1일~7월 10일까지
근로자의 연차유급휴가 사용시기 지정 및 사용	7월 20일까지
(근로자가 미지정 시) 사용자의 연차유급휴가 사용시기 지정	7월 21일~10월 31일
근로자의 연차유급휴가 사용	근로자 또는 사용자가 지정한 날

① 미사용 연차유급휴가일수 통지 및 연차유급휴가 사용시기 지정 촉구(7월 10일)

사용자는 7월 10일 근로자별로 아직 사용하지 않은 연차유급휴가 일수를 통지하고, 7월 20일까지 근로자가 미사용한 연차유급휴가의 사용시기를 정해 사용자에게 통보하도록 서면으로 촉구합니다.

사용자가 연차유급휴가 사용을 촉구할 수 있는 연차유급휴가는 출근율이 80% 이상일 경우 발생하는 15일의 휴가와 근속연수에 따른 가산휴가이며, 출근율이 80% 미만이거나 근속연수가 1년 미만인 경우 발생하는 휴가는 촉진제도의 대상이 되지 않습니다.

② 근로자의 연차유급휴가 사용시기 지정 및 사용(7월 20일)

근로자는 7월 20일 미사용한 연차유급휴가의 전부 또는 일부의 연차유급휴가 사용시기를 지정해서 사용자에게 이를 통보해야 합니다.

사용자에게 사용시기를 통보한 경우 근로자는 통보한 시기에 실제로 연차유급휴가를 사용해야 하지만, 만약 사용자의 동의가 있다면 사용시기를 변경할 수도 있습니다. 근로자가 연차유급휴가 사용시기를 지정하면 촉진제도의 절차는 마무리되는데, 그렇지 않다면 사용자가 사용시기를 지정한 다음 절차를 진행해야 합니다.

③ (근로자가 미지정 시)사용자의 연차유급휴가 사용시기 지정
(7월 21일~10월 31일)

근로자가 7월 20일까지 연차유급휴가 사용시기를 지정하지 않는 경우, 사용자는 7월 21일부터 10월 31일 사이에 연차유급휴가의 전부 또는 일부에 대한 사용시기를 지정해서 근로자들에게 서면으로 통지해야 합니다.

사용자가 연차유급휴가 사용시기를 지정할 때는 서면으로 하며, 시기변경이 불가하다는 점과 사용하지 않은 연차유급휴가에 대한 미사용 연차유급휴가 수당이 지급되지 않는다는 점을 분명히 하는 것이 바람직합니다.

1년 미만 근로자의 사용촉진절차

1년 미만자에 대한 연차유급휴가가 확대됨에 따라 계속 근로기간 1년 미만 근로자에게 부여되는 연차유급휴가의 행사기간을 제한하고, 이에 대해 연차유급휴가 사용촉진 제도를 활용할 수 있도록 하고 있습니다.

절차	<1차 사용 촉진> (사용자 → 근로자) 미사용 연차일수 고지 및 사용시기 지정·통보 요구	(근로자 → 사용자) 사용시기 지정·통보	<2차 사용 촉진> (사용자 → 근로자) 근로자의 사용시기 미통보 시 사용자가 사용시기 지정·통보
연차유급 휴가 9일	10. 1~10. 10 (3개월 전, 10일간)	10일 이내	11. 31까지 (1개월 전)
연차유급 휴가 2일	12. 1~12. 5 (1개월 전, 5일간)	10일 이내	12. 21까지 (10일 전)

사용촉진 조치는 서면으로 실시해야 함

관련 서식

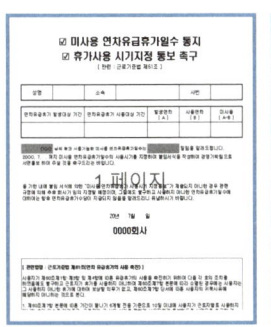
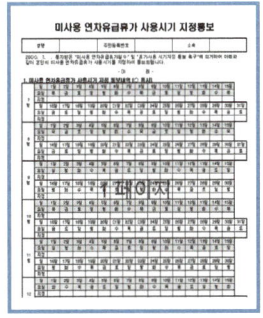

사용촉진의 효과

본래 1년의 기간 동안 연차유급휴가를 모두 사용하지 못한 경우에는 수당으로 정산해주어야 할 의무가 사용자에게 발생하고, 수당 미정산 시 임금체불에 해당합니다. 그러나 법에서 정하는 요건에 따라 사용촉진조치를 실시한 경우에는 설령 미사용 연차가 있다고 하더라도 이를 수당으로 정산해줄 의무는 존재하지 않고, 당해 연도 연차는 적법하게 모두 소멸하게 됩니다.

무엇이든 물어보세요!

Q 취업규칙에 연차사용촉진제도를 새롭게 규정하는 것이 취업규칙 불이익 변경에 해당하나요?

A 그렇지 않습니다. 행정해석은 단체협약 등으로 연차사용촉진을 금지하는 등의 연차휴가 사용촉진과 관련된 제한 규정이 없는 경우에는 사용자는 취업규칙 등에 별도로 정한 바가 없더라도 근로기준법에 따라 연차사용촉진이 가능하므로(2004. 10. 12, 근로기준과-5454 등) 취업규칙에 연차사용촉진제도를 새롭게 규정하는 것은 취업규칙 불이익 변경으로 보기는 어렵다고 보고 있습니다. 따라서 근로자 과반수 동의가 아닌 근로자 과반수 의견 청취만으로 연차사용촉진제도를 규정할 수 있습니다.

Q 휴가 사용촉진을 했는데 휴가지정일 이전에 근로자가 퇴직해버린 경우, 수당 보상의무가 면제되나요?

A 비록 근로자의 퇴사로 인해 사용촉진조치가 완료되지 못했다고 하더라도 휴가지정일 이전에 퇴직해서 휴가 사용이 이루어지지 않은 경우 미사용 휴가보상의무를 면했다고 보기 어렵습니다. 노동부에서도 사용촉진조치가 완료되지 못한 경우, 수당 지급 의무가 존재한다는

의견을 제시하고 있습니다(임금근로시간정책팀-194, 2005. 10. 10).

Q 미사용 휴가일수 통보를 사내 메일이나 사내 게시판에 게재할 수 있나요?

A 서면으로 통보하도록 되어 있는바 사내 메일이나 사내 게시판에 게재하는 것은 인정될 수 없습니다. 고용노동부 행정해석에서도 '연차유급휴가 사용촉진조치를 취할 때 사용자로 하여금 '서면'으로 촉구 또는 통보하도록 규정한 것은 휴가사용 촉진조치가 명확하게 이행되도록 하여 근로자의 권리보호를 보다 충실하게 하고 불명확한 조치로 인한 당사자 간의 분쟁을 방지하려는 취지로 볼 수 있을 것이다. 따라서 사내 메일이나 공문을 사내 게시판에 게재하는 것은 인정되기 어렵다(2004. 7. 27, 근로기준과-3836)'라고 판단한 바 있습니다.

5

저출산 시대 산전후휴가는
반드시 보장 의무

산전후휴가제도는 법정의무

산전후휴가는 출산이라는 사실에 대해 부여하는 휴가제도로서 근로기준법상 반드시 부여해야 하는 법정휴가제도입니다. 이는 출산한 여성근로자의 근로의무를 면제하고 임금 상실 없이 휴식을 보장받도록 하는 제도입니다. 우리나라 출산율이 0.78명으로 국가 소멸 위기가 제기될 만큼 역대 최저인 상황에서 산전후휴가제도 등을 통한 출산의 장려와 보호제도는 향후 더욱 확대될 것으로 예상되는바 법률 준수를 위한 노력이 필요합니다.

산전후휴가 구체적인 내용

산전후휴가 부여 대상자

산전후휴가는 부여 요건이 정해지지 않은(육아휴직의 경우, 근로자의 근속기간이 6개월 미만인 경우 부여하지 않을 수 있음) 휴가제도로서, 출산이라는 사실이 존재하는 경우 근속기간 여부 등과 무관하게 무조건 산전후휴가를 부여해야 합니다. 아울러 산전후휴가는 계약의 형태를 불문하고 부여해야 하는바 계약직 근로자라도 하더라도 계약기간 중 산전후휴가는 반드시 부여해야 하고, 소정근로시간이 짧은 단시간근로자라도 반드시 부여해야 하며, 간접고용인력인 파견근로자 또한 동일합니다.

산전후휴가 부여 일수

산전후휴가는 산전후를 통해 계속해서 90일의 보호휴가를 주되 반드시 산후에 45일 이상이 확보되도록 부여해야 합니다. 따라서 출산 전에 45일 부여하고, 출산 후에 45일 부여하는 것이 일반적인 모습입니다. 다만 출산기간이 예정보다 늦어져서 출산 전에 45일을 초과해서 55일의 휴가가 부여되었더라도 출산 후에는 45일을 부여해야 합니다. 이러한 경우에는 산전후휴가가 100일(출산 전에 55일, 출산 후에 45일)이 될 수 있는바, 법 기준상 90일을 이유로 출산 후의 휴가를 35일만 부여해서는 안 되고, 출산 후에도 반드시 45일의 휴가를 부여해야 합니다.

산전후휴가기간 중 임금지급 기준

출산휴가기간 90일(다태아 120일) 중에서 최초 60일(다태아 75일)은 사용자가 통상임금을 지급할 의무를 부담합니다. 나머지 30일(다태아 45일)은 원칙적으로 무급이므로 사용자가 임금을 지급할 의무는 없고 국가(고용보험)로부터 산전후휴가급여를 신청해서 수급할 수 있습니다.

구분	최초 60일(다태아 75일)	이후 30일(다태아 45일)
우선지원대상기업	정부가 근로자의 통상임금으로 지급(2023년 기준 월 210만 원 한도) ※ 근로자의 통상임금이 월 210만 원 이상인 경우, 그 차액은 사업주가 별도로 지급해야 함.	정부가 통상임금 지급 (최대 210만 원까지)
대기업	사업주가 통상임금으로 지급	정부가 통상임금 지급 (최대 210만 원까지)

산전후휴가기간 중 연차유급휴가 산정

산전후휴가기간 동안에는 근로자가 출근하지 않았지만, 그 휴가기간 동안을 출근한 것으로 간주해서 연차유급휴가를 계산해야 합니다.

예컨대 1년(2024. 1. 1~2024. 12. 31) 동안 2024년 7월 1일부터 2024년 9월 28일까지 90일의 산전후휴가를 다녀온 근로자의 경우에도 산전후휴가기간을 출근한 것으로 간주해서 차년도 연차유급휴가 발생일수는 15일을 모두 부여해야 합니다.

무엇이든 물어보세요!

Q 계약직 근로자가 산전후휴가기간 중 계약 만료된 경우 처리는?

A 산전후휴가는 해당 사업장에 근무 중인 근로자에게 부여하는 제도이므로 휴가기간 중 근로계약이 만료되는 경우에는 계약만료 시점에서 산전후휴가도 종료됩니다. 따라서 계약이 연장되는 경우가 아니라면 산전후휴가기간 중이라고 하더라도 정해진 계약기간의 만료로서 근로관계는 종료된다고 할 것입니다.

6

경조사휴가의 부여 기준

경조사휴가는 약정휴가다

경조사휴가란 직원 본인이나 그 가족의 결혼과 출산, 장례 등 경조사가 발생했을 때 회사가 이를 축하하거나 위로하기 위해 휴가를 부여하는 의미입니다. 경조사휴가는 연차유급휴가 등과는 다르게 법정휴가가 아니므로 경조사휴가의 부여 여부 및 유급 여부는 회사가 자체적으로 결정할 수 있습니다.

경조사휴가를 부여하기로 약정했다면 지켜야 한다

휴가의 종류는 '법정휴가'와 '약정휴가'로 구분할 수 있습니다. 법정휴가는 근로기준법에서 의무적으로 주도록 정한 휴가로서 대표적으로 연차유급휴가와 출산전후휴가 등이 있습니다. 약정휴가는 법에서 정해진 것은 없지만 회사가 재량으로 주기로 한 휴가를 말하며, 경조사휴가와 여름휴가 등이 대표적입니다.

경조사휴가는 약정휴가이므로 부여할지, 부여하지 않을지의 여부를 회사에서 결정할 수 있으며, 부여하기로 정했다면 취업규칙, 경조사휴가규정 등에 경조사휴가를 명시하면서 사업장에 도입됩니다.

경조사휴가의 도입 여부 결정은 사업주의 자유지만 만약 경조사휴가를 부여하기로 결정하고 취업규칙 등에 이를 규정하게 된다면, 그때부터는 의무적인 휴가부여 대상이 되는바 사용자는 이를 따라야 할 의무가 발생하므로 도입 여부는 신중하게 결정할 필요가 있습니다.

다만 배우자출산휴가는 경조사휴가이면서도 법에 의해 강제되는 휴가입니다. 따라서 배우자출산휴가는 취업규칙에 명시했는지의 여부는 불문하고 무조건 10일을 유급으로 부여해야 하므로 주의해야 합니다.

경조사휴가 예시

구분	휴가기간	증빙서류
1. 본인 결혼(휴무일 포함)	7일	청첩장
2. 자녀 결혼(휴무일 포함)	3일	
3. 형제자매, 배우자 형제자매 결혼(휴무일 포함)	1일	
4. 부모, 배우자, 자녀, 배우자 부모 사망(휴무일 포함)	5일	사망신고서 또는 부고장 사본
5. 형제, 자매의 사망(휴무일 포함)	1일	
6. 조부모, 외조부모 사망(휴무일 포함)	1일	
7. 배우자 출산(휴무일 포함-1회 한정 나누어 사용 가능)	10일	
8. 본인, 배우자, 부모, 배우자의 부모 회갑, 칠순, 팔순 등(휴무일 포함)	1일	주민등록등본 또는 가족관계증명서

무엇이든 물어보세요!

Q 경조사휴가가 주말과 겹치는 경우 어떻게 처리해야 되나요?

A 원칙적으로 경조사휴가의 경우 법정휴가가 아니므로 회사의 취업규칙의 내용에 따라 휴가가 처리되어야 합니다. 즉, 취업규칙에 휴일 및 휴무일을 경조사휴가 사용사에 포함한다는 내용이 있다면 주휴일이나 공휴일이 겹치더라도 경조사휴가일수는 그대로 차감됩니다.

그러나 취업규칙에 부여 기준 관련 규정이 없는 경우라고 한다면, 이에 대해 노동부는 "유급휴가기간 중 유급휴일은 휴가일수에서 제외하고 무급휴일은 포함해서 휴가일수를 계산한다(근기01254-3483, 1998. 3. 8 참조)"라고 설명하고 있습니다.

예컨대 경조사휴가가 토요일부터 3일간 발생하는 경우라고 가정하고, 토요일이 무급휴무 또는 무급휴일로 규정되어 있다면 토, 월, 화로 경조사휴가를 부여하면 되고, 토요일이 유급휴무 또는 유급휴일로 규정되어 있다면 월, 화, 수를 경조사휴가로 부여하면 됩니다.

7
병가의
부여 기준

병가는 약정휴가다

사업장의 병가 및 병가에 의한 휴직에 관한 운영은 법에서 별도로 정하고 있는 것이 없는바 취업규칙 등 사업장의 직장 내 규율 및 인사방침에 관한 규정으로 사업장에서 정하면 되고, 정해진 방침에 따라 운영하면 됩니다. 이렇게 취업규칙 등에 따라 정해진 방침은 사업장 소속 근로자와 사용자 양자를 모두 구속하며 준수의무가 부여됩니다.

병가를 부여하기로 약정했다면 지켜야 한다

다소 놀랍게도 우리 노동법에서는 병가와 관련해서 아무런 규정을 두고 있지 않습니다. 따라서 업무와 관련된 재해로 인한 산재의 경우에는 당연히 병가의 인정의무가 있다고 해석할 수 있을 것이나, 업무 외적인 사유로 인한 병가의 기준은 법률적 기준이 없어 사업장에서 합리적인 수준에서 정해 운영할 수 있습니다.

그렇다면 병가와 관련해서 아무런 규정을 두지 않은 채로 전부 인정하지 않을 수 있는 것인가에 대한 의문이 발생할 수 있습니다. 그러나 근로기준법에서는 '업무상과 업무 외의 재해부조(災害扶助)에 관한 사항'을 취업규칙상 필수적 기재사항으로 규정함으로써 병가 기준을 마련할 것을 간접적으로 강제하고 있는바 병가 사유, 기간, 유급 여부 등을 마련해둘 필요가 있습니다.

병가기간을 반드시 유급으로 부여할 필요는 없습니다. 업무와 관련된 재해로 인한 산재의 경우는 관련 보상 절차에 따라 급여를 보전받으면 될 것이고, 업무 외적인 사유로 인한 병가의 유급 또는 무급 부여 여부는 회사에서 결정할 수 있는 것이므로 무급으로 하더라도 법률 위반에 해당할 이유는 없는 것입니다. 승인된 병가기간 도중 근로자의 상태가 호전되어 아직 병가기간이 남아 있음에도 복직을 요청하는 경우가 있을 수 있습니다. 그럴 경우, 병가기간 동안 업무를 대신할 대체인력을 채용한 상태이거나 업무 조정이 이루어진 경우라고 한다면 난감한 상황이 발생할 수 있습니다. 따라서 이러한 돌발 이슈를 해소하기 위해서는 회사가 결정권을 갖는 것이 필요한바 '병가 사유 해소로 조기 복직을 요청할 경우 회사는 이를 수용할 수 있다(회사는 결정할 수 있다)'라는 등의 취지로 취업규칙에 명시할 필요기 있습니다.

무엇이든 물어보세요!

Q 취업규칙으로 정해놓은 병가 인정 사유가 아니라면 무조건 병가 사용이 금지되는 것인가요?

A 병가의 인정 사유는 취업규칙에서 정하는 것이 일반적인 모습이고 부여 의무가 부과됩니다. 그런데 취업규칙에 명시되지 않은 질병이 발생할 경우, 취업규칙에 열거되지 않았음을 이유로 병가 승인을 거절할 수 있는지의 여부는 신중하게 판단해야 합니다. 비록 취업규칙에 열거되지 않은 사유라고 하더라도 근로자의 근로 제공이 불가능한 정도라고 한다면 병가 승인을 무조건 거절할 수 없을 것이고, '근로자의 결근을 무단결근 처리해서 징계'하는 행위는 부당징계의 소지가 있을 수 있으므로 주의해야 합니다.

8

주휴일과 공휴일(달력상 빨간날)

주휴일과 공휴일의 개념

주휴일

주휴일은 1주 동안의 소정근로일을 개근한 근로자에게 1주일에 1회 부여하는 유급휴일로서, 회사의 경우 일반적으로 일요일을 주휴일로 부여하고 있습니다(주휴일이 반드시 일요일일 필요는 없으며 사업장의 업무 스케줄에 맞게 특정일을 부여하면 됨).

공휴일

달력상 '빨간날'인 관공서 공휴일의 유급휴일 보장이 민간기업으로 확대되어 2022년부터 5인 이상 사업장은 공휴일을 모두 유급으로 보장해야 합니다.

민간기업 확대 적용 시기

기업규모	적용 시기
상시근로자 300인 이상	2020. 1. 1
상시근로자 30인 이상~300인 미만	2021. 1. 1
상시근로자 5인 이상~300인 미만	2022. 1. 1

주휴일과 공휴일의 법적 부여 의무

주휴일

근로자가 1주간 소정근로일수를 개근하는 조건을 충족했을 경우에 한해 유급으로 부여하므로 결근 등으로 이를 충족하지 못하는 경우에는 무급으로 휴일을 부여하면 됩니다. 여기서 1주일은 반드시 월요일부터 일요일을 의미하지는 않고 특정 요일을 기점으로 7일의 기간으로 봐야 하고, 개근 여부를 판단할 때는 지각·조퇴·외출을 결근으로 간주해서는 안 됩니다.

주휴일은 근로기준법 제63조에 따라 감시단속적 업무로 적용 제외 승인을 받은 근로자를 제외하고 1주 소정근로시간이 15시간 이상이라면 기간제근로자, 단시간근로자, 일용직근로자 등 근로 형태를 불문하고 적용됩니다. 아울러 상시 근로자수에 관계없이 모든 사업장에 적용됩니다.

주휴일은 유급으로 부여해야 합니다. 월요일부터 금요일까지 5일을 일했어도 주휴일을 포함해서 6일 치의 급여를 지급해야 한다는 뜻입니다. 아르바이트생의 급여를 일당 형식으로 책정해 지급하면서 주휴수당을 지급하지 아니하는 사례가 종종 있는데, 이는 주휴일 유급 부여 원칙에 위반되는 사항이므로 주의해서 급여를 책정할 필요가 있습니다.

공휴일

2022년 1월 1일부터 5인 이상 30인 미만의 민간기업도 명절, 국경일 등 관공서의 공휴일과 대체공휴일을 유급휴일로 보장해야 합니다. 공휴일은 원래 관공서의 휴일이었으나, 공무원 및 대기업 직원을 제외한 많은 국민이 공휴일에 쉬지 못해 휴식권, 투표권 등의 차별이 발생했기에 2020년부터 공휴일의 민간 확대를 단계적으로 확대 적용했습니다.

공휴일	대체공휴일
• 국경일 중 3·1절, 광복절, 개천절, 한글날 • 1월 1일·설, 추석 연휴 3일·부처님오신날 • 성탄절·어린이날·현충일·공직선거법상 선거일·기타 수시 지정일(임시공휴일)	설·추석 연휴, 어린이날·국경일 중 3·1절, 광복절, 개천절, 한글날이 토·일요일 또는 다른 공휴일과 겹치면 다음 비공휴일을 대체공휴일로 정함. (설, 추석 연휴는 토요일과 겹치는 경우 제외)

무엇이든 물어보세요!

Q 주휴일과 공휴일이 중복되는 경우 두 배로 휴일 처리하거나 수당을 더 주어야 하나요?

A 주휴일과 공휴일이 중복된다고 해서 휴일을 추가로 부여할 필요

는 없는바, 단체협약이나 취업규칙에서 주휴일이 당해 회사의 유급 휴일과 중복되는 경우, 그 익일을 휴일로 한다는 등의 내용이 없다면 1회의 휴일을 부여하면 됩니다.

Q 관공서 공휴일과 토요일(무급휴무일)이 중복되는 경우는 유급으로 보장해야 하나요?

A 무급휴무일 등과 같이 애초부터 근로 제공이 예정되어 있지 않은 날이 관공서 공휴일과 겹칠 경우에 추가 휴일수당을 지급해야 한다고 해석할 경우, 근로자가 실질적으로 누리는 휴일 수는 동일함에도 추가적인 비용 부담만 강제하게 되는 불합리한 결과가 발생합니다. 따라서 무급휴무일 등 애초부터 근로 제공이 예정되어 있지 않은 날이 관공서 휴일과 겹친다고 하더라도 무급으로 부여할 수 있습니다.

9

주휴일, 공휴일의
다른 날 대체

휴일 대체의 의미

주휴일, 공휴일 등 당초 정해진 휴일에 근로하고 대신 다른 소정근로일에 휴일을 부여하는 것을 '휴일 대체'라고 합니다. 근로기준법상 대표적 휴일인 '주휴일'과 '공휴일'의 경우, 휴일 대체가 가능할 수는 있으나 사전에 정해진 요건을 충족해야 휴일 대체가 유효하므로 주의해야 합니다.

휴일의 대체가 유효하기 위한 요건

주휴일 대체

주휴일은 1주일에 평균 1일을 부여해야 하고 원칙적으로 사전에 정해진 그날에 부여해야 합니다. 다만 정해진 절차를 거친 이후에 휴일 대체를 하는 경우에는 주휴일을 다른 날로 옮기는 1:1 교환이 가능합니다.

주휴일 대체가 유효하기 위해서는 첫째, 취업규칙 등에 휴일 대체의 규정을 두거나, 휴일 대체 규정이 없는 경우 근로자 개인의 동의를 얻어야 하고, 둘째, 휴일의 사전 대체를 적어도 24시간 이전에 근로자 본인에게 알려야 합니다. 이 2가지 요건을 충족해야 휴일근로가산수당 없이 주휴일과 다른 날의 1:1 대체가 가능합니다.

공휴일 대체

공휴일에 근무하는 대신 다른 소정근로일에 휴일을 부여하는 것도 가능합니다. 다만 공휴일 대체가 주휴일 대체와 다른 점은 근로기준법에서 방법의 제한을 두고 있다는 점입니다(주휴일의 대체는 법에서 정한바가 없어 법원의 판례 또는 노동부 행정해석으로 대체의 근거를 찾고 있음).

공휴일 대체를 위해서는 반드시 사전에 근로자 대표와의 서면합의를 해야 합니다(주휴일과 달리 개별 근로자의 동의로는 불가). 만약 근로자 대표와의 서면합의 없이 일방적으로 법정공휴일을 대체하는 것은 법률 위반이므로 적법한 휴일 대체로 볼 수 없어 휴일근로가산수당을 지급해 주어야 하므로 주의가 요구됩니다.

무엇이든 물어보세요!

Q 휴일의 대체와 대휴와는 어떻게 구별되나요?

A 사전적 변경 제도인 '휴일의 대체'와 사후적 변경 제도인 '대휴'는 구별됩니다. '대휴'의 경우에는 휴일의 변경이 없었기 때문에 휴일에 근로한 것이 되어 근로기준법 제55조 규정의 가산임금을 지급해야

하나, 적법하게 휴일의 대체가 사전에 이루어진 '휴일의 대체'의 경우에는 변경 전의 휴일은 평일의 근로가 되어 근로기준법 제55조 규정의 가산임금을 지급해야 할 필요가 없고 1:1 교환이 가능합니다.

1

임금이란
- 한번 주면 계속 주어야 하나?

임금이란

　임금이란, 명칭을 불문하고 근로자에게 지급되는 금품으로서 임금에 해당하는지의 여부에 따라 지급 의무의 발생이 좌우되고, 추가적인 인건비 상승으로 이어질 수 있는바 임금의 초반 설계가 중요합니다.

임금 해당성 여부의 판단

　임금이란 사용자가 근로의 대가로 근로자에게 어떠한 명칭으로든 지급하는 일체의 금품을 말합니다. 이때 근로의 대가로 지급된 임금인지를 판단함에 있어서는 사용자가 지급한 것이어야 하고, 그 금품 지급의 의무 발생이 근로 제공과 직접적으로 관련되거나 밀접한 관련성이 존재해야 합니다. 따라서 사용자가 지급하지 않은 금품, 단순히 생활보조적·복리후생적 금품, 실비변상적 금품 등 임시적·은혜적·호의적 금품은 근로의 대가로 볼 수 없어 임금성이 부정될 수 있습니다.

임금에서 제외되는 금품

항목	구분	사유
사용자가 지급하지 않는 금품	임금 ×	팁, 봉사료, 사납금 등은 사용자가 지급하지 않은 금품으로서 임금에서 제외
	임금 ○	사용자가 회수해서 배분해 지급하는 경우 임금에 해당
실비변상적 금품	임금 ×	출장비, 체류비, 숙박비 등 실제 소요된 비용에 대한 보전 비용은 임금에서 제외
	임금 ○	출장의 발생 여부와 관계없이 고정적으로 지급했다면 임금에 해당
생활보조적·복리후생적 금품	임금 ×	급식비, 교통비, 자가운전비, 가족수당 등 복리후생적 금품은 임금에서 제외
	임금 ○	급식의 발생 여부, 교통비 발생 여부, 가족의 존재 여부 등과 무관하게 정액 지급하면 임금에 해당
불확정적 성과의 배분 금품	임금 ×	단체협약, 취업규칙 등에 정함이 없이 그해 년도 상황에 맞추어 즉흥적으로 지급한 성과급은 임금에서 제외
	임금 ○	단체협약, 취업규칙 등에 정함이 있고 개인의 성과에 맞추어 지급하는 경우 임금에 해당
특수한 근무조건에 따른 금품	임금 ×	해외체류라는 특수한 사유에 따른 주재수당, 주택수당 등은 임금에서 제외
	임금 ○	해외체류 기간 도중의 실비가 아닌 근로의 대가성 금품은 임금에 해당

임금 설정의 주의성

임금의 개념은 근로기준법상 굉장히 중요한 요소에 해당합니다. 임금에 해당하는지의 여부에 따라 사용자가 지속적으로 지급해야 할 의무가 발생하는지, 단지 일시적으로 상황에 맞게 그때그때 지급해도 무방한지에 대한 결과가 달라지기 때문입니다.

임금성은 해당 금품 자체를 지급해야 하는 의무가 부여되는 것 이외에도 임금의 성격에 따라 시간외수당과 퇴직금의 동반 상승을 야기하는바 상당한 주의가 요구됩니다. 단지 하나의 수당을 지급해야 하는 의무가 발생하는 것 이외에도 추가적인 인건비 지출로 이어지게 되는 것입니다. 따라서 사업장에 초반 임금을 설계하는 과정에서 적법하고 합리적인 구조를 설정하는 것이 필요합니다.

무엇이든 물어보세요!

Q 저희 회사는 올해 실적이 좋아 인센티브가 지급되었는데, 인센티브를 수령하고 부득이하게 퇴사하게 되었습니다. 퇴직금을 정산하는 과정에서 인센티브는 임금이 아니므로 퇴직금 계산 시 제외된다고 하는데 맞는 것인지요?

A 인센티브의 성격에 따라 달리 판단될 수 있습니다. 먼저 인센티브가 규정에 사전에 정해진 지급기준과 시기에 따라 개인의 실적에 연동해서 지급되었다면 근로의 대가로 보아 임금에 해당할 것이고 퇴직금 계산 시 포함되어야 합니다. 그러나 사전에 지급기준과 시기가 정해져 있지 않고 개인의 실적이 아닌 회사 매출액, 영업이익 달성 여부에 따라 지급되어 개인의 통제권 밖이라고 한다면 이는 근로의

대상인 임금이라고 볼 수 없어 평균임금에 포함될 수 없고 따라서 퇴직금 산정에 제외됨이 타당합니다.

2

통상임금과 정기·일률·고정성

통상임금의 개념과 중요성

통상임금이란 근로자가 통상적으로 지급받을 수 있는 임금으로서 연장·야간·휴일근로수당, 연차유급휴가수당 등 법정수당 산정의 기준이 됩니다. 기업에서는 기본급이 통상임금이라고 인지하는 경우가 많은데 기본급 이외에도 정기·일률·고정적으로 지급되는 수당이라면 통상임금에 해당할 수 있어 주의가 필요합니다.

통상임금의 상승은 법정수당의 상승을 야기하고, 법정수당의 상승은 평균임금의 상승을 야기해 결국 퇴직금까지 상승해서 법률 기준과 기업 현실과의 간극이 발생하게 되어 고용노동부 진정 등의 노사 간 분쟁으로 이어지는 것이 현실입니다. 따라서 통상임금의 정의와 범위를 명확히 하고, 법률상 기준 그대로 사업장에 적용해서 임금제도를 운영하는 것이 중요합니다.

정기·일률·고정성을 바탕으로 한 통상임금 판단

통상임금은 근로계약에서 정한 근로를 제공하면 확정적으로 지급되는 임금으로 소정근로의 대가로서 사전에 확정적인 금품을 의미합니다. 통상임금에 해당하기 위해서는 소정근로의 대가, 정기적 지급, 일률적 지급, 고정적 지급이라는 아래의 요건을 모두 충족해야('or'의 개념이 아닌 'and'로서, 일부 요건 충족이 아닌 요소의 모두 충족) 합니다.

통상임금 판단기준

① 소정근로의 대가

근로자가 소정근로시간에 통상적으로 제공하기로 정한 근로에 관해 사용자와 근로자가 지급하기로 약정한 금품이어야 합니다. 근로의 대가라고 볼 수 없는 봉사료, 팁, 축의금, 은혜적 금품은 통상임금이 될 수 없습니다.

② 정기성

미리 정해진 일정한 기간마다 정기적으로 지급되는 임금이어야 합니다. 단 1개월 단위의 개념이 아니므로 어떤 임금이 1개월을 초과하는 기간마다 지급되었다고 하더라도(예컨대 분기마다 지급) 일정한 기간을 주기로 정기적 지급되었다면, 통상임금에 포함될 수 있습니다.

③ 일률성

모든 근로자 또는 일정한 조건이나 기준에 달한 모든 근로자에게 일률적으로 지급되었다면 통상임금이 될 수 있습니다. 회사 내 모든 직원의 의미가 아닌 팀별, 부서별 지급 또한 일률성이 인정될 수 있음을 주의해야 합니다.

④ 고정성

통상임금인지의 여부를 판단할 때, 가장 핵심적이고 쟁점이 되는 요소로서 초과근로를 제공할 당시에 조건과 관계없이 지급이 사전에 이미 확정되어 있는 경우라면 고정성이 인정됩니다. 따라서 조건의 달성 여부에 따라 수급 여부가 달라지는 경우에는 고정성이 인정될 수 없는데, '지급일 현재 재직 중인 자에게 지급하는 경우', '정해진 근무 일수를 채워야 지급하는 조건 달성이 필요한 경우' 등은 고정성이 부정되는 요소가 되어 통상임금에서 제외될 수 있습니다.

무엇이든 물어보세요!

Q 통상임금의 범위가 확대되면 인건비 부담이 심해져서 노사 간에 통상임금을 줄이거나 통상임금에서 제외한다는 합의를 할 경우, 유효한가요?

A 노사가 근로기준법이 정한 기준보다 낮은 임금 등으로 불리하게 근로조건을 계약하는 것은 무효입니다. 대법원은 법률상 통상임금에 해당하는 정기상여금 등의 임금을 통상임금에서 제외하기로 노사가 합의했다고 하더라도 위 합의는 근로기준법에 위반되어 무효라고 판단한 바 있습니다.

3

임금지급의
4대 원칙

직접불·전액불·통화불·정기불 원칙

근로기준법에서는 '임금은 통화로 직접 근로자에게 그 전액을 매월 1회 이상 일정한 기일을 정해서 지급해야 한다'라고 규정해서 직접불·전액불·통화불·정기불의 임금지급 4대 원칙을 밝히고 있고, 회사는 이를 지키며 임금을 지급해야 합니다.

직접불·전액불·통화불·정기불 원칙의 내용

임금을 지급함에 있어서는 직접불·전액불·통화불·정기불 원칙이라는 임금지급 4대원칙을 지키며 지급해야 합니다.

직접불의 원칙

임금은 반드시 근로자 본인에게 직접 지급되어야 하고 법령 또는 단체협약에 의한 예외를 인정하고 있지 않습니다. 따라서 제삼자 또는 부모의 요청으로 근로자가 아닌 부모나 배우자 또는 근로자의 위임을 받은 대리인에게 지급하는 것 등은 직접불 원칙에 반하게 됩니다.

아울러 임금채권이 타인에게 양도가 가능한가에 대해 법원은 양도는 가능하되, 추심권은 여전히 근로자에게 있다는 입장입니다. 즉 양도 자체가 금지되는 것은 아니지만, 회사는 양수자에게 임금을 지급해서는 안 되며 근로자에게 지급해야 한다는 것입니다.

한편, '법원의 판결, 국세징수법령에 의한 압류처분' 등에 따라 임금채권의 압류가 가능하지만, 근로자의 임금보장을 위해 민사집행법에서는 아래와 같이 임금의 수준에 따라 압류의 범위를 정하고 있습니다.

임금 수준	압류 범위
월급여가 185만 원 이하인 경우	전액 압류 불가능
월급여가 185만 원을 초과하고 370만 원까지	185만 원을 제외한 나머지 금액
월급여가 370만 원을 초과하고 600만 원까지	월급여의 1/2
월급여가 600만 원을 넘는 경우	300만 원+[(월급여/2 − 300만 원)× 1/2]를 제외한 나머지 금액

전액불의 원칙

회사가 우월적인 지위에서 근로자의 임금을 공제하는 것을 금지해서 근로자의 생활을 위협하는 일이 없도록 보호하기 위한 원칙으로 사용자는 임금 전액을 근로자에게 지급해야 합니다. 다만 세법과 사회보험료에 따른 근로소득세, 지방소득세, 사대보험 등은 법령에 의해 공제가 인정되고, 단체협약에 의해 조합비, 동아리활동비 등의 공제도 가능합니다.

한편 계산의 착오 등으로 과·오납된 임금이 있는 경우 지급해야 할 임금이나 퇴직금과 과·오납된 임금을 상계할 수 있고, 전액불 원칙 위반이 아니라는 것이 법원의 판단입니다.

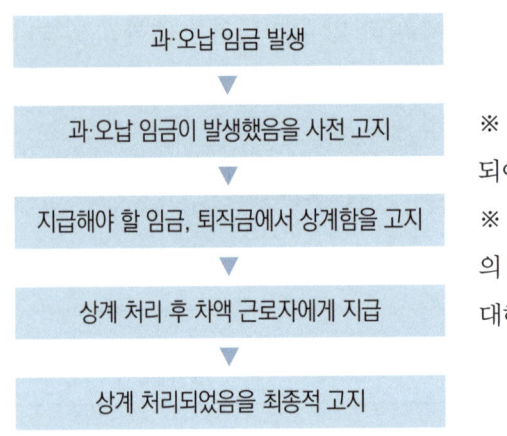

과·오납 임금 상계 처리에 대한 프로세스

※ 상계의 금액과 방법이 예고되어야 함.
※ 지급해야 하는 임금, 퇴직금의 2분의 1을 초과하는 부분에 대해서만 상계 가능.

통화불의 원칙

임금은 법령이나 단체협약에 특별한 규정이 있는 경우를 제외하고는 강제 통용력이 있는 통화로 지급되어야 합니다. 현물급여 때문에 실질적인 임금을 수급하지 못하는 일을 예방하기 위한 원칙입니다. 은행에 의해 지급이 보증되는 보증수표는 통화로 인정됩니다. 그러나 임금으로 회사의 주식이나 비트코인 등으로 지급하는 것은 통화불 원칙을 위반합니다. 다만, 성과배분제도를 실시하는 경우 그에 따라 주식을 지급한다면, 이는 임금 자체가 아니므로 통화불의 원칙 위반에 해당하지 않습니다.

정기불의 원칙

임금은 적어도 매월 1회 이상 일정한 기일을 정해서 지급해야 합니다. 다만, 1개월을 초과하는 기간을 기준으로 지급되는 성격의 임금에 대해서는 예외가 인정되고 정근수당, 근속수당, 능률수당, 상여금 기타 부정기적으로 지급되는 수당 등이 이에 해당합니다.

임금지급 기일을 변경하려면 원칙적으로 근로자의 동의를 받아야 합니다. 그러나 지급기일을 변경하는 달에 임금이 늦게 지급되거나 하지 않도록 정산의 조치가 취해지는 등 근로자의 불이익을 줄이기 위한 조치가 수반된다면, 반드시 근로자의 동의가 없다고 하더라도 법 위반으로 볼 수는 없을 것입니다.

- **상여금 처리**

상여금의 지급 기준은 법률로써 별도로 정해져 있지 아니한바 회사의 단체협약, 취업규칙 등 규정에 따라 지급하면 됩니다. 따라서 매월 단위를 초과해서 격월, 분기, 반기로 정했더라도 정기불 원칙 위반이 아니며 '지급일 현재 재직 중인 자'에 한해 지급하는 조건이 있더라도 정기불의 원칙 위반이 아닙니다.

실무상 유의사항

근로자에 대한 임금은 엄격하게 판단되고 있으며 노동부 진정, 고소·고발의 가장 큰 비중을 차지하고 있는 분야이기도 합니다. 위반 시 벌칙조항 또한 엄격해서 3년 이하의 징역 또는 3,000만 원 이하의 벌금에 처할 수도 있는바, 직접불·전액불·통화불·정기불 준수해서 임금을 지급하는 것이 중요하며, 상계 처리 시 아래의 동의서를 받아두는 등의 노력이 필요합니다.

상계 동의서(예시)

성명 :   주민등록번호 :   주소 :

상기 본인은 본인의 귀책 사유로 인해 발생한 손해배상금   원을 본인이 회사로부터 받을 퇴직금에서 상계하는 것에 대해 동의하며, 향후 이와 관련한 일체의 이의제기나 별도의 청구를 하지 않을 것을 확약합니다.

20   .   .

○○○ (인)   대표이사 귀하

무엇이든 물어보세요!

Q 횡령행위를 한 직원을 징계해고할 예정입니다. 횡령금액을 반환받아야 하는바 해당 직원에게 지급해야 할 퇴직금과 상계하고자 하는데 가능한가요?

A 회사에 대한 횡령금액이나 손해배상의무가 있다고 해서 일방적으로 퇴직금과 상계 처리하는 것은 임금 전액불 지급 원칙 및 금품청산의무 위반에 해당합니다. 따라서 비록 회사가 직원에 대해 받아야

할 채권이 있다고 하더라도 이를 직원의 퇴직금과 임의로 상계할 수는 없고, 별도의 민사소송을 통해 채권을 회수해야 합니다. 물론 근로자와의 합의하에 상계 처리는 가능한바, 상계 합의서 또는 상계 동의서를 작성해서 이에 따라 상계 처리하는 것은 가능합니다.

4

최저임금은
꼭 지켜주셔야죠

2024년 최저임금

최저임금은 근로자를 사용하는 모든 사업장에 적용되는바 근로자 1명을 고용하더라도 최저임금법이 적용됩니다. 2024년 기준으로 시급 9,860원, 월급 2,060,740원은 지급되어야 합니다.

최저임금의 적용내용과 예외

'최저임금액'은 최저임금위원회가 심의·의결해서 제출한 안을 토대로 고용노동부장관이 결정·고시한 것이며, 상용근로자는 물론 일용근로자, 파트타임근로자, 외국인 근로자 등 고용형태나 국적·연령 등에 관계없이 적용됩니다. 최저임금의 산입범위는 최저임금법에서 구체적으로 정하고 있으며[4] ① 매월 1회 정기적으로 지급하는 임금 외

---

4) 최저임금법 시행규칙 별표 1

의 임금, ② 소정의 근로시간 또는 소정의 근로일에 대해 지급하는 임금 외의 임금, ③ 기타 최저임금액에 산입하는 것이 적당하지 않은 임금은 최저임금 산입범위에서 제외됩니다. 따라서 설계된 임금의 항목 중 일부가 최저임금 산입범위에서 제외되어 최저임금에 미달하는 결과가 초래되지 않도록 설계하는 노력이 필요합니다.

적용예외자

과거에는 감시 또는 단속적근로자로서 노동부장관의 승인을 받은 자에 대해 최저임금 감액지급의 예외를 인정해주었으나 법률의 개정으로 최저임금이 동일하게 적용됩니다. 따라서 수습근로자로서 3개월 기간 동안에는 최저임금의 90%를 적용할 수 있는 것이 대표적인 적용 예외자에 해당합니다.

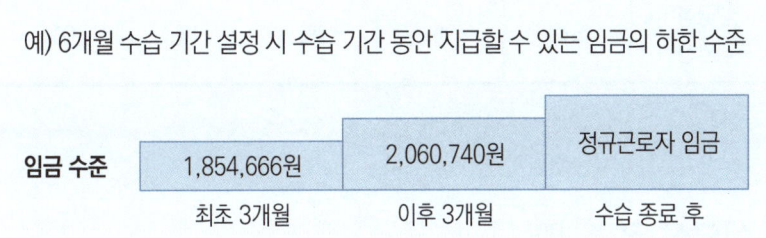

예) 6개월 수습 기간 설정 시 수습 기간 동안 지급할 수 있는 임금의 하한 수준

도급근로자

도급이나 그 밖에 이에 준하는 제도로 사용하는 근로자에게도 근로시간에 따라 일정액의 임금이 보장되어야 합니다. 도급계약의 형식을 빌려 회사로부터 레미콘을 공급받아 운반하면서 회사의 구체적인 지

시, 감독을 받는 레미콘 기사의 경우[5] 운반한 양에 따라 계약을 체결할 수 있지만, 최소한 시간당 최저임금 이상의 계약이 이루어져야 하며 연장근로를 하는 경우 연장근로수당이 지급되어야 한다는 것입니다.

- **상여금과 복리후생비**

매월 지급하는 정기상여금과 현금으로 지급하는 복리후생수당(식비, 교통비보조금 등)은 최저임금에 포함될 수 있습니다. 다만, 연도별 최저임금의 일정 비율을 초과하는 부분에 대해서만 최저임금에 포함되어 왔는데, 2024년부터는 매월 지급하는 정기상여금, 현금으로 지급하는 복리후생수당 전액이 최저임금 산입범위에 포함됩니다.

년도	20년	21년	22년	23년	24년~
정기상여금	20%	15%	10%	5%	0%
현금성 복리후생비	5%	3%	2%	1%	0%

실무상 유의사항

최저임금 미달 여부는 노동부 집중점검 사항이고 반의사불벌죄가 적용되지 않으므로 각별한 주의가 필요합니다. 최근 수년간 가파르게 상승한 최저임금을 고려하면 영세사업장의 경우 최저임금을 맞추

---

5) 개인사업소득자가 아닌 근로자로서의 레미콘 기사를 말함.

기가 쉽지 않은 것도 현실힙니다. 결국 상승하는 인건비를 줄이기 위한 방법을 강구하는 것이 필요한바, 휴게시간을 적정하게 조절하거나 교대제 근무조를 개편하거나, 집중근무시간제 등을 활용해서 연장·야간·휴일근로에 따른 임금과 할증임금이 발생하지 않도록 관리하는 것이 필요할 것입니다.

무엇이든 물어보세요!

Q 신입사원을 채용하고자 하는데 수습 기간 동안 및 그 이후에 설정 가능한 임금의 범위가 알고 싶습니다.

A 수습근로자의 경우 수습 기간 동안에는 일반적으로 취업규칙, 근로계약서에 정규근로자보다 적은 임금을 지급하는 경우가 많습니다. 예컨대, '수습 기간 동안에는 정규근로자의 80%의 임금을 지급한다'라고 규정해도 유효한 근로조건으로 인정받을 수 있습니다. 다만 이때의 감액 %는 회사에서 정할 수 있으나 감액에 따른 금액이 최저임금의 90%를 하회한다면 최저임금법 위반입니다. 아울러 최저임금 하한은 3개월 동안만 인정되는바 수습이 6개월이라고 하더라도 최초 3개월만 최저임금의 90% 임금을 지급할 수 있으며, 나머지 기간은 최저임금 100% 이상의 임금이 지급되어야 합니다.

5
이슈가 되고 있는 포괄임금제

공짜 야근 논란의 포괄임금제

포괄임금제는 근로계약 체결 시 연장·야간·휴일근로수당을 사전에 약정해서 명시하고 매월 급여에 포함해서 지급하는 방식을 말합니다. 일반 사업장에서 임금 계산의 편의성과 근로자의 근로의욕 고취의 목적으로 많이 사용되고 있는 임금시스템으로, 최근에는 공짜 야근 논란으로 포괄임금제 폐지의 목소리가 높아지고 있습니다.

포괄임금제 체결 시 월급에 연장·야간·휴일근로수당이 포함되므로 기본급만 지급받는 경우보다 수령액이 더 많을 수 있고, 반면에 실제 연장근로의 시간 수가 고려되지 않는 고정적 임금의 성격이 있어서 보상이 충분하지 않을 수도 있습니다.

내용

포괄임금제의 개념

포괄임금제는 '① 근로계약 체결 시 근로의 형태나 업무 성질상 법정 기준근로시간을 초과한 연장·야간·휴일근로 등이 당연히 예정되어 있는 경우나 ② 계산의 편의를 위해 노사 당사자 간 약정으로 연장·야간·휴일근로 등을 미리 정한 후 매월 일정액의 제수당을 기본임금에 포함해 지급하는 것'을 의미합니다.

포괄임금제는 근로기준법에서 명시하고 있는 제도가 아니고 판례에 따라 인정되는 제도로서 판례는 포괄임금제의 유효성이 인정되는 기준을 다음과 같이 제시하고 있습니다.

> ① 근로시간의 산정이 어려울 것
> ② 일정액의 법정 제 수당을 정해 이를 근로시간 수에 상관없이 지급하기로 하는 약정이 있을 것
> ③ 근로자에게 불이익이 없을 것

포괄임금제의 효과

포괄임금제가 유효한 경우 연장·야간·휴일근로수당은 임금에 포함해서 유효하게 지급된 것으로 인정받을 수 있습니다. 설령 때때로 약정된 시간보다 더 많은 시간외근로가 있었다고 하더라도 약정된 금액을 지급하면 유효하게 지급한 것으로 인정되는 것입니다. 그러나 포괄

임금제가 유효하지 않은 경우라면 실제 연장·야간·휴일근로에 맞추어 발생한 금액과 포괄임금으로 책정된 금액을 비교해서 차액이 있다면 추가적으로 지급해야 하며, 미지급 시 임금체불에 해당합니다.

포괄임금 계산 방법

연봉계약서에 기본급(209시간), 1주 10시간(1달 44시간)의 연장근로수당을 포함한 포괄임금으로 월급여가 지급하기로 근로계약을 체결한 경우, 근로자에게 지급하는 급여의 계산방식은 다음과 같습니다.

$$월급여 = (209시간 \times 시급) + (44시간 \times 시급 \times 1.5)$$

계약상 연장근무수당이 통상임금의 50% 이상을 가산해서 산정하고 있고, 실제 44시간 이하의 연장근로가 발생한다면 근로자에 불이익하지 않으므로 유효할 것입니다. 다만, 실제 44시간을 초과해서 연장근로가 발생하는 경우에는 미달하는 수당에 대해서 추가로 지급해야 합니다.

실무상 유의사항

회사와 근로자 간 분쟁이 빈번하게 발생하는 부분 중 하나가 바로 연장근로시간에 대한 가산수당 산정 및 지급 요구입니다. 특히, 근로자가 회사와 근로계약을 체결하면서 소정근로시간 및 연장·휴일·야간근로시간에 대해서 포괄임금으로 지급하는 약정을 체결했음에도 근로자가 포괄임금약정상의 근로시간을 초과했음을 주장하는 사례는 매우 빈번하게 발생합니다. 그러한 점에서 회사는 근로계약서 서면명시사항 중 근로자의 근로시간, 임금구성항목 및 임금계산방법에 대해 각별한 주의 및 관리가 요구된다고 할 것입니다.

무엇이든 물어보세요!

Q 연차유급휴가수당과 퇴직금도 임금에 포함해서 지급할 수 있나요?
A 연차유급휴가 미사용수당을 포괄임금에 포함해서 지급할 경우 휴가 사용권을 사전에 박탈하는 결과를 초래하는바 포괄임금에 포함해서 지급할 수 없습니다. 아울러 퇴직금은 근로자의 퇴직이라는 사유로서 비로소 발생하는 채권이므로 발생하지 않은 채권을 임금 속에 포함해서 지급할 수는 없습니다.

6

임금의
반납, 삭감, 동결

임금의 반납, 삭감, 동결이란

최근 경기침체에 따라 경영악화에 직면한 회사에서 근로자의 임금을 반납하거나 삭감하면서 회사의 회생을 돕고 일자리를 나누어 고용을 유지하고자 하는 사례가 늘고 있습니다. 노동관계법상 임금은 근로계약, 취업규칙, 단체협약 등을 통해 근로자와 사용자가 자유의사에 따라 결정하는 것으로 당사자 간 적법 절차에 따라 임금을 조정하는 것은 가능합니다. 그러나 임금의 반납·삭감 등은 향후 평균임금 산정 시 포함 여부, 퇴직금 보전문제 등을 둘러싼 법률분쟁을 야기할 소지가 있어 노사 당사자는 사전에 법적 요건·절차 등을 명확히 해둘 필요가 있습니다.

임금 반납·삭감·동결의 정의

일반적으로 임금의 반납, 삭감 등의 용어가 혼용되어 사용되고 있으나, 판례나 해석상 다음과 같이 구분됨
① 반납 : 기왕의 근로에 대해 발생된 임금 또는 향후 근로에 대해 발생할 임금의 일부에 대한 청구권을 포기하기로 약정하고 회사에 반납하는 것
② 삭감 : 장래 일정 시점 이후부터 현재와 동일한 내용의 근로 제공에 대해 종전보다 임금을 낮추어 지급하는 것
③ 동결 : 임금을 인상하지 않고 현재의 임금 수준을 장래에도 계속 지급하는 것

반납·삭감·동결의 비교

구분	임금 반납	임금 삭감	임금 동결
개념	기왕의 근로에 대해 발생된 임금의 일부에 대한 청구권을 포기하기로 약정하고 회사에 반납하는 것	장래 일정 시점 이후부터 현재와 동일한 내용의 근로 제공에 대해 종전보다 임금을 낮추어 지급하는 것	임금을 인상하지 않고 현재의 임금 수준을 장래에도 계속 유지시키는 것
일반원칙	적법하게 발행한 임금청구권의 포기로써 적법 절차에 의한 임금 반납 가능	장래 일정 시점 이후부터 종전보다 임금을 낮추어 지급하는 것으로서 노사가 자율적으로 결정할 사항	장래 일정 시점 이후부터 종전과 동일하게 임금을 지급하는 것으로서 노사가 자율적으로 결정할 사항

구분	임금 반납	임금 삭감	임금 동결
범위	기왕에 지급된 급여	장래에 발생할 급여	장래에 발생할 급여
적법 절차	반납 결정은 개별 근로자와 사용자 간의 명시적인 계약에 의해야 하며, 집단적 의사결정 방식(노조 또는 근로자 대표)에 의해 합의가 있었다고 하더라도 개별 근로자의 동의가 전제되지 않는 경우에는 무효임.	단체협약이 적용되는 경우 단체협약 갱신만으로 가능하며, 단체협약이 없거나 비적용자에게는 취업규칙 변경(불이익 변경) 절차를 거치거나, 근로계약으로 임금 수준을 정하고 있는 경우에는 근로계약을 갱신해야 함.	임금 인상률이 단체협약에 명시되어 있는 경우 단체협약 갱신이나 노동조합과 별도의 협약 등을 통해 변경하고, 임금 인상률이 별도 명시되어 있지 않은 경우에는 임금 동결을 하더라도 법 위반에 해당하지 않음.
삭감 수준	임금 반납은 근로자 자유의사에 따른 결정으로서 반납 수준은 자유롭게 결정 가능함.	최저임금 수준 이하로 삭감할 수 없으며, 근로기준법에서 정하고 있는 연장·야간·휴일근로수당, 연차유급휴가수당 등 법정수당에 대해서는 법정 기준 미만으로 삭감할 수 없음.	임금 동결을 하더라도 최저임금 인상에 따른 미달자가 발생하는 경우 최저임금까지는 지급해야 함.
평균임금 산정	임금 반납액에 대한 반환청구권은 없다고 하더라도 반납한 임금은 기왕의 근로에 대한 임금 채권이므로 평균임금 산정에 포함해야 함.	삭감액은 평균임금을 산정하는 임금 총액에 포함되지 않음(단, 퇴직금은 삭감 전의 임금으로 산정하기로 약정하면 삭감전의 금액으로 퇴직금을 산정해야 함).	동결된 임금 기준을 바탕으로 평균임금을 산정

구분	임금 반납	임금 삭감	임금 동결
지급방식	매월 일정일에 급여 지급 후 매월 일정일에 급여 일정액 반납 조치를 함이 원칙이나 직원의 반납 없이 매월 급여일에 반납할 급여액 공제 후 지급 가능	매월 급여일에 삭감된 임금 기준으로 지급	매월 급여일에 동결된 임금 기준으로 지급

실무상 유의사항

　일반 사업장에서는 임금의 반납, 삭감 등에 대한 정확한 이해 없이 혼용해서 사용함으로써 혼선을 야기할 소지가 있으므로 용어를 정확히 사용해서 사후 분쟁을 방지함이 필요합니다.
　노사협의나 합의 과정에서 반납·삭감·동결의 수준 및 기간, 퇴직금 산정 방법 등에 관해 명확히 규정해야 합니다(막연히 "경영이 정상화될 때까지 반납한다"라는 등의 모호한 표기 지양).
　임금 반납 시 임금대장에 임금총액, 반납액 등을 명확히 표기하지 않으면 임금 반납 여부가 불투명해서 향후 평균임금 산정 등에 있어 분쟁의 소지 있으므로 명확히 기재해야 합니다.

무엇이든 물어보세요!

Q 교대제 변경(3조 3교대 → 4조 3교대)으로 실근로시간이 줄어 기존의 연장근로수당이 감소해서 수령임금이 줄어든 경우, 임금 삭감으로 불이익 변경 절차를 거쳐야 하나요?

A 교대제 근로 형태를 3조 3교대제에서 4조 3교대제로 변경하는 경우, 실근로시간의 단축으로 연장근로가 줄게 되어 기존 3조 3교대제 하에서 지급받던 연장근로수당이 감소하게 되나, 연장근로 단축은 법정근로시간 준수, 근로자의 피로 회복 등의 측면에서 근로자에게 불이익하다고 볼 수 없어 불이익 변경 절차를 거치지 않아도 됩니다. 다만, 연장근로가 감소하는 것이 아닌 소정근로시간 자체가 단축되어 법정근로시간을 하회하는 경우, 그에 따른 임금 감소는 근로조건의 불이익 변경으로서 불이익 변경 절차를 거쳐야 합니다.[6]

---

6) 취업규칙의 변경 부분 참조

7
퇴직금의
지급 기준

퇴직금이란

근로기준법상 근로자에게는 1년에 30일분의 평균임금을 퇴직금으로 지급해야 하고 사업장의 근로자 수와 상관없이 모든 사업장에서 지급해야 하며, 퇴직한 날로부터 14일 이내에 지급이 완료되어야 합니다. 다만 근로시간, 근무유형 등으로 퇴직금 발생이 제외되는 경우가 있는바 이를 확인해 퇴직금 발생 여부를 판단한 후 퇴직금 미지급으로 인한 임금체불 발생을 방지해야 할 것입니다.

퇴직금 발생 기준

퇴직하는 근로자에게는 1년에 30일분의 평균임금을 퇴직금으로 지급해야 합니다. 약 1달 치 급여 정도를 1년에 대해 퇴직금으로 지급해야 한다는 뜻입니다.[7] 2010년 12월 1일부터 상시 4인 이하 사업장에

---

7) 물론 금액의 차이가 있으므로 정확한 계산 필요

도 퇴직금제도가 확대 시행되어 2010년 12월 1일부터 2012년 12월 31일 기간에 대해서는 1년에 30일분의 평균임금 수준에서 100분의 50을, 2013년 1월 1일 이후 기간에 대해서는 동일하게 1년에 30일분의 평균임금을 퇴직금으로 지급해야 합니다.

적용 제외자

예컨대, 1일 2시간씩 월요일부터 금요일까지 근무하는 자는 1주간의 소정근로시간이 15시간 미만인 근로자에 해당합니다. 이처럼 근로시간이 현저히 짧은 근로자에 대해서는 퇴직금이 적용되지 않습니다. 만약 1주간의 소정근로시간이 15시간 이상·미만을 반복하는 경우에는 전체 재직기간 중에서 15시간 미만이었던 기간을 제외하고 15시간 이상이었던 기간만을 합산해서 퇴직금 발생 여부를 판단합니다. 만약 1년 이상 근무는 했으나 15시간 이상이었던 기간의 합이 1년이 되지 않는다면 퇴직금을 지급하지 않아도 무방합니다.

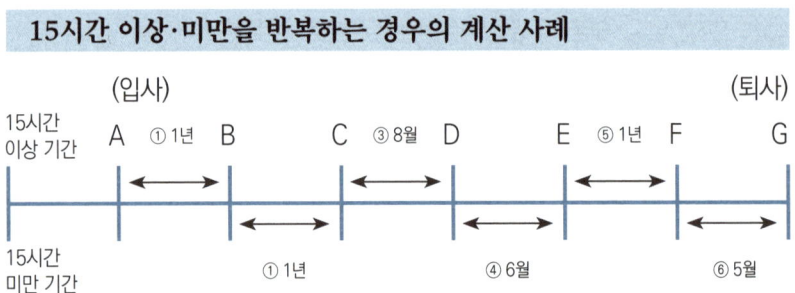

15시간 이상·미만을 반복하는 경우의 계산 사례

☞ 15시간 이상 기간인 ① 1년 + ③ 8월 + ⑤ 1년을 합산해서 2년 8개월에 대해 퇴직금을 지급하면 됩니다.

근로계약이 일부 공백 후 반복되는 경우

계절적 요인이나 방학 기간 등 업무의 성격에 따라 공백 기간 중에는 근로를 제공하지 않는 유형의 근로가 존재할 수 있습니다. 예컨대 봄부터 가을까지 필요하지만, 겨울에는 필요하지 않아 봄부터 가을까지만 계약을 반복하는 사례를 들 수 있을 것입니다. 이런 경우, 쉬는 기간이 있다고 해서 퇴직금을 지급하지 않아도 되는 것은 아니며, 근로가 있었던 기간을 합산해서 퇴직금을 계산하면 됩니다.

15시간 이상·미만을 반복하는 경우의 계산 사례

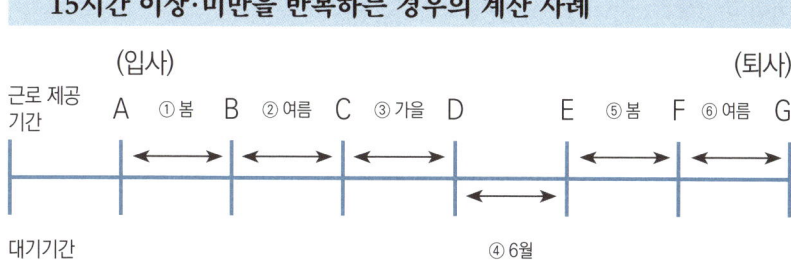

☞ 근로 제공 기간인 ① 봄 + ② 여름 + ③ 가을 + ⑤ 봄 + ⑥ 여름을 합산해서 해당 기간에 대해 퇴직금을 지급하면 됩니다.

실무상 유의사항

과거에는 노·사 당사자 간의 합의로서 별다른 제한 없이 퇴직금 중간정산이 가능했으나, 관련 법률의 개정으로 '주택 구입, 전세금 마련, 본인 또는 부양가족의 6개월 이상 요양, 파산선고, 개인회생절차개시, 임금피크제' 등의 경우에만 퇴직금 중간정산이 유효합니다. 따라서 법에서 정한 사유에 해당하지 않는 경우에 실시한 퇴직금 중간정산을 그 효력을 인정받지 못하게 되므로 유념해야 합니다.

무엇이든 물어보세요!

Q 퇴직이 예정된 직원이 퇴직금을 높게 받을 목적으로 연장근로와 특근을 자처해서 의도적인 평균임금 조작행위가 있었다면, 어떻게 퇴직금을 산정해주어야 하나요?

A 비슷한 경우를 소개하자면 택시기사가 퇴직을 예상하고 개인 돈을 사납금으로 보충해서 평균임금을 높였던 사례에서, 대법원은 의도적인 임금조작행위에 해당하는 금액을 계산해서 제하는 것은 현실적으로 어려우므로, 의도적인 행위가 예상되는 기간을 제외한 직전 3개월 동안의 임금으로 평균임금을 산정하는 것이 바람직할 것으로 판시한 바 있습니다. 따라서 귀 사례 또한 의도적으로 평균임금을 높이려는 조작행위가 있었던 기간을 제외하고, 그 직전 3개월을 기준으로 평균임금을 계산하면 될 것입니다.

8

퇴직금 중간정산

노후자금 확보와 퇴직 이후의 삶을 위한 퇴직금

최근 국민연금의 기금 부족에 따른 고갈 문제로 개혁안이 제시되고 있는 등 퇴직 이후의 삶에 대한 불안감이 커지고 있는 상황에서 근로자들의 유일한 위안거리라면 근로하는 동안 모아둔 퇴직금일 것입니다. 퇴직금은 퇴직하는 근로자에게 지급되는 임금으로서 퇴직금이라는 목돈을 통해 퇴직 이후의 삶을 설계하고 노후자금 확보를 통한 안정적인 삶을 꾀하기 위한 목적이 있습니다.

그런데 퇴직이 없음에도 근로 도중 퇴직금을 중간정산 받는다면 근로자의 퇴직 이후 삶은 불안할 수밖에 없고, 퇴직금의 목적은 달성할 수 없게 됩니다. 이에 관련 법에서는 무분별한 퇴직금 중간정산을 막기 위해 부득이한 경우에만 중간정산이 가능하도록 제한사항을 두고 있는바 체크가 필요하고 실무자들의 주의가 요구됩니다.

퇴직금 중간정산이 가능한 사유

무주택자인 근로자가 본인 명의로 주택을 구입하는 경우

중간정산 신청일 기준 본인 명의[8]로 등기된 주택이 없는 근로자[9]가 주택매매계약 체결일로부터 소유권 등기 후 1개월 이내에 중간정산을 신청하는 경우를 말합니다.

구비해두어야 할 증빙서류

구분	구비서류	비고
무주택자 여부 확인	• 현 거주지 주민등록등본 • 현 거주지 건물등기부등본 또는 건축물관리대장등본 • 재산세 (미)과세 증명서	
주택구입 여부 확인	• 주택 구입의 경우에는 부동산 매매계약서(분양계약서) 사본, 주택 신축의 경우에는 건축설계서 및 공사계약서 등 • 구입한 주택에 대한 건물등기부등본 또는 건축물관리대장등본	등기 후 신청 시

무주택자인 근로자가 주거목적으로 전세금 또는 보증금을 부담하는 경우(당해 사업장 1회로 한정)

본인 명의로 등기된 주택이 없는 근로자로서 주거목적의 전세금, 임차보증금의 충당을 위해 주택임대차계약 체결일부터 잔금지급일 이후 1개월 이내에 중간정산을 신청하는 경우를 말합니다.

---

8) 부부공동명의로 주택을 구입하는 경우도 본인 명의로 주택을 구입하는 것으로 봅니다.
9) 본인 명의로 등기된 주택이 없다면 세대원이 주택을 소유하고 있다고 하더라도 무주택자 요건을 충족한 것으로 봅니다.

구비해두어야 할 증빙서류

구분	구비서류	비고
무주택자 여부 확인	• 현 거주지 주민등록등본 • 현 거주지 건물등기부등본 또는 건축물관리대장등본 • 재산세 (미)과세 증명서	
전세금 또는 임차보증금 필요 여부 확인	• 전세 및 임대차계약서 사본 • 전세금 또는 임차보증금을 지급한 경우에는 지급영수증 (잔금지급일로부터 1월 이내)	잔금 지급 후 신청 시

본인, 배우자 또는 부양가족의 질병·부상으로 6개월 이상 요양하는 경우

근로자 또는 근로자의 배우자와 생계를 같이하는 부양가족인 '60세 이상의 직계존속, 20세 이하의 직계비속 또는 동거 입양자, 20세 이하 또는 60세 이상인 형제자매 등'의 질병 부상으로 6개월 이상 요양이 필요한 경우로서 '요양 중, 요양 예정, 요양 종료일부터 1개월 이내'에 중간정산을 신청하는 경우를 말합니다.

구비해두어야 할 증빙서류

구분	구비서류	비고
요양 필요 여부 확인	• 의사의 진단서 또는 소견서 또는 건강보험공단의 장기요양확인서 등 6개월 이상 요양의 필요 여부를 확인할 수 있는 서류 • 요양종료일과 치료비를 부담했음을 확인할 수 있는 서류	병명, 요양기간 (6개월 이상) 확인
부양가족 확인	• 가족관계증명서 등 배우자, 생계를 같이하는 부양가족 여부를 확인할 수 있는 서류	잔금 지급 후 신청 시

최근 5년 이내 파산선고를 받거나 개인회생절차 개시 결정을 받은 경우

관련 법률에 따라 정식으로 파산선고나 개인회생절차의 개시 결정을 받은 경우로서 신청하는 날부터 역산해서 5년 이내에 파산선고를 받고 신청 당시 파산 또는 개인회생 개시 결정의 효력이 진행 중인 경우를 말합니다.

구비해두어야 할 증빙서류

구분	구비서류	비고
파산 여부 확인	최근 5년 이내의 법원의 파산 선고문 등 파산 여부를 확인할 수 있는 서류	
회생절차 개시 여부 확인	최근 5년 이내의 회생절차 개시 결정문, 개인회생절차변제인가 확정증명원 등 회생절차 개시 여부를 확인할 수 있는 서류	

임금피크제를 실시해서 임금이 줄어드는 경우

노사 간에 합의해 정년 이전에 특정 연령(예컨대 60세가 정년인 경우 55세 이후부터 임금피크 실시)의 대상자들에게는 임금피크제를 도입할 수 있습니다. 임금피크제를 실시하면 기존보다 임금이 줄어들게 되어 퇴직금 감소가 수반되는바 퇴직금에 불이익이 없도록 중간정산 할 수 있습니다.

구비해두어야 할 증빙서류

구분	구비서류	비고
임금피크제 적용 대상 확인	• 취업규칙, 단체협약 등 임금피크제 실시 여부를 확인할 수 있는 서류 • 근로계약서(연봉계약서), 급여명세서 등 임금피크제를 적용받는 근로자임을 확인할 수 있는 서류	사업장 내 비치된 서류를 통해 확인

소정근로시간을 1일 1시간 또는 1주 5시간 이상 변경해서 3개월 이상 계속 근로하기로 한 경우

구비해두어야 할 증빙서류

구분	구비서류	비고
근로시간 변경 확인	• 근로계약서, 동의서 등 근로시간 변경을 확인할 수 있는 서류 • 근로계약서(연봉계약서), 급여명세서 등 줄어든 근로시간에 따라 지급된 임금을 확인할 수 있는 서류	사업장 내 비치된 서류를 통해 확인

1주당 최대 근로시간이 60시간에서 52시간으로 단축되어 근로자의 퇴직금이 감소되는 경우

구비해두어야 할 증빙서류

구분	구비서류	비고
근로시간 변경 확인	• 근로계약서, 동의서 등 근로시간 변경을 확인할 수 있는 서류 • 법 내 근로시간임을 확인할 수 있는 스케줄표, 휴일 근로대장 등 • 근로계약서(연봉계약서), 급여명세서 등 줄어든 근로시간에 따라 지급된 임금을 확인할 수 있는 서류	사업장 내 비치된 서류를 통해 확인

태풍, 홍수 등 천재지변으로 고용노동부장관이 정한 사유와 요건의 경우

천재지변 등으로 근로자(배우자 포함)와 그 부양가족이 입은 물적 또는 인적 피해가 고용노동부에서 정한 기준에 해당하는 경우라면, 천재지변 등으로 물적·인적 피해를 입은 날로부터 3개월 이내에 중간정산을 신청하는 경우를 말합니다.

구비해두어야 할 증빙서류

구분	구비서류	비고
천재지변으로 인한 물적 피해 여부 확인	• 피해사실확인서 또는 자연재난 피해신고서에 따른 관련 행정기관의 피해조사 확인 자료	발급처 : 시·군·구청 또는 읍·면장
천재지변으로 인한 인적 피해 여부 확인	• 자연재난 피해신고서에 따른 관련 행정기관의 피해조사(확인)자료 • 15일 이상 입원사실 확인서	

무엇이든 물어보세요!

Q 중간정산이 가능한 사유에 있는 근로자가 중간정산을 요청하는 경우 회사는 무조건 해주어야 하나요?

A 그렇지는 않습니다. 퇴직금 중간정산은 근로자의 요구와 사용자의 승낙에 의해서만 가능한 것이므로 근로자의 퇴직금 중간정산 요구에 대해 사용자가 승낙해서 퇴직금을 중간정산해서 지급할 수도 있고, 사용자가 승낙하지 않아 지급하지 않을 수도 있습니다. 근로자의 요구가 있더라도 사업장의 여건과 재정 상태를 고려해서 승낙 여부를 결정할 수 있습니다.

9

임금체불과 진정

임금체불 시 고용노동부에 진정을 제기할 수 있다

사용자와 근로자가 정한 임금지급 날짜가 지났음에도 임금을 지급하지 않는 경우, 체불임금이 발생하게 되고 사업주의 근로기준법 위반사항을 근로감독관에게 알리고 관련조치를 취해줄 것을 요구하는 진정을 제기할 수 있습니다. 임금체불은 근로기준법에 따라 3년 이하의 징역 또는 3,000만 원 이하의 벌금에 처해질 수 있으므로 사용자는 정해진 기일에 임금을 지급하는 노력을 다해야 할 것입니다. 만약 임금지급이 늦어지는 때에는 사전에 근로자에게 성실하게 알리고 지연지급에 대한 사전합의를 하는 등 법률 분쟁 방지를 위한 노력이 필요합니다.

내용

임금체불에 따른 근로자 진정 시 고용노동부 근로감독관은 '사법경찰관'의 자격으로 근로자와 사용자를 조사하고 사업주의 위법사항에 대해서는 시정조치를 내리며, 시정조치를 이행하지 않을 시 사용자를 검찰에 형사고발 조치할 수 있습니다.

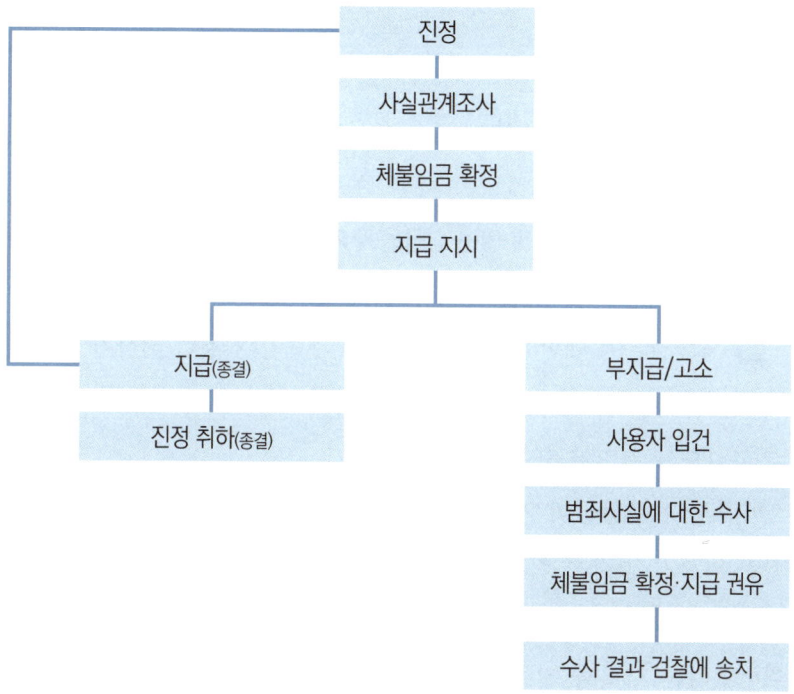

진정사건의 진행 절차 흐름도

진정 사건이 관할 노동청에 접수되면 노동부에서 근로자와 사용자에게 출석을 요구하며 대개 10~14일 후 근로자와 사업주를 상대로 사실조사를 진행합니다. 조사는 우선 신고인의 요구사항을 세밀하게 조사하며 근로자 조사 이후 사용자에 대한 조사를 진행하고, 경우에 따라 근로자와 사용자를 함께 조사할 수도 있습니다. 근로감독관은 당사자 조사 도중 서로 화해를 권하거나 사용자에게 시정명령을 내려

이를 이행하도록 할 수 있습니다.

당사자 간 서로 화해하거나 시정명령이 이행되는 경우 근로감독관은 진정사건을 종결처리하고, 시정명령이 이행되지 않는 경우 사용자를 검찰로 입건 송치하게 됩니다.

무엇이든 물어보세요!

Q 사업주가 근로자에게 밀린 임금을 주기로 약속해서 진정을 취하했으나 이를 이행하지 않은 경우 어떻게 처리되나요?

A 체불임금에 대한 처벌을 위해서는 근로자의 처벌 의사가 존재해야 하며 근로자가 처벌을 원하지 않은 경우에는 '반의사 불벌죄'에 따라 사업주를 처벌할 수 없습니다.

따라서 체불임금이 지급되지 않았음에도 근로자가 사업주에 대한 처벌 의사가 없다는 취지로 진정을 취하하는 경우, 동일한 사유를 이유로 진정을 다시 제기할 수 없습니다. 물론 체불 임금을 주기로 해서 취하했다는 사실을 입증할 수 있다면 재진정이 가능할 것이나, 그에 대한 입증의 문제가 있고 복잡한 상황에 처할 수 있는바 진정의 취하와 관련해서는 의사결정에 신중을 기해야 할 것입니다.

VI

징계, 해고, 퇴직 처분은 신중하게 결정하자

1
징계의 종류와 한계

신중한 징계 결정이 필요하다

징계의 종류가 법으로 규정되어 있지는 않으나 경고, 견책, 감봉 등의 비교적 가벼운 경징계와 정직, 강등, 해고 등의 중징계로 구분할 수 있습니다. 징계 양정의 결정은 근로자의 귀책 사유 정도를 고려해서 형평성 있게 결정되어야 할 것인바 신중한 판단이 요구됩니다. 만약 정당성을 일탈한 징계처분이 있는 경우 부당징계구제신청의 대상이 될 수 있으므로 불필요한 법적분쟁을 예방하기 위한 경영방침이 요구될 것입니다.

징계권의 행사와 제한

인사권은 사용자의 고유권한이며 징계권 역시 사용자의 인사권의 범위에 속하는 권한으로서 기업운영 또는 근로계약의 본질상 사용자에게 인정되는 권한입니다. 사용자는 근로자의 기업질서 위반행위에 대해 근로기준법 등 관련 법령에 반하지 않는 범위 내에서 이를 규율하는 취업규칙을 제정할 수도 있고, 이를 근거로 근로자를 징계할 수 있습니다.

징계권 행사의 한계

사용자의 징계권 행사와 관련해서 근로기준법은 징계 등 사용자의 인사 조치에 대해 '정당한 이유'가 있을 것을 요구하고 있을 뿐 구체적으로 제한하는 규정은 없습니다. 다만 노동위원회와 법원은 이를 구체화해서 징계권이 사용자의 고유권한임을 인정하면서도 징계 사유의 정당성, 절차의 정당성, 양정의 적정성, 형평성, 시효 등 정당성 요건을 모두 충족해야 징계조치가 정당한 것으로 인정하고 있으므로 유의해야 합니다.

징계사유의 정당성	징계양정의 정당성	징계절차의 정당성
취업규칙 등에 규정된 사유인지 여부	▶ 양정의 적정성을 의미하며 특히 해고의 경우, 사회통념상 근로계약관계를 지속적으로 유지시킬 수 없을 만한 경우인지 여부	▶ 절차를 취업규칙에서 정한 경우 그 정한 절차에 따랐는지의 여부, 취업규칙에 정함이 없더라도 소명기회의 제공 등 사회통념상 공정한 징계절차에 필요불가결한 사항은 반드시 이행했는지 여부

한편, 징계처분에 대해 분쟁이 발생하는 경우, 사용자는 '징계가 정당하다'라는 주장을 하고 이를 뒷받침하는 근거에 대해 입증해야 합니다. 근로관계 유지에 대한 책임을 기본적으로 사용자에게 부담시키

면서 근로관계 종료의 이유를 사용자에게 입증하도록 요구하는 구조이므로 사용자는 노사관계 분쟁에 대응하기 위해서는 입증 노력을 다해야 할 것입니다.

징계의 종류

근로자의 기업질서 위반행위 등에 대한 사용자의 불이익조치 종류는 다양하며, 기업의 규모나 업종에 따라 종류와 의미가 다소 차이는 있습니다. 일반적으로 회사의 취업규칙에서 규정하고 있는 징계의 종류를 가벼운 징계에서 무거운 징계 순서로 살펴보면 다음과 같습니다.

경고 잘못을 지적하며 금지 또는 재발 방지 촉구
▼
견책 경위서(시말서)를 징구하고 잘못을 엄중히 경고
▼
감급 임금을 일정 기간 감액
▼
정직 일정 기간 출근을 정지시키고 임금지급을 중단
▼
해고 근로자의 잘못에 대해 징계절차를 통한 해고

실무상 유의사항

징계의 일환으로 감봉(법률상 '감급')을 하는 경우, 근로기준법은 "취업규칙에서 근로자에 대해 감급의 제재를 정할 경우에 그 감액은 1회의 금액이 평균임금의 1일분의 2분의 1을, 총액이 1임금지급기의 임금

총액의 10분의 1을 초과하지 못한다"라고 규정하고 있으므로 주의가 필요합니다. 즉, 1회의 위반사항에 대해서는 1일 평균임금의 반액을, 총액이 1임금지급기의 임금총액의 10분의 1을 초과할 수 없으며, 구체적인 예시는 다음과 같습니다.

> 월급이 300만 원이고, 1일 평균임금이 10만 원인 근로자가 1회의 위반행위에 대해 감봉 6개월의 제재를 받았을 경우, 감급 1회의 액은 1일 평균임금 10만 원의 반액인 5만 원을 초과할 수 없으며, 6개월간에 수회 감급할 수 있으나 그 감급총액은 1임금지급기 임금총액의 10분의 1인 30만 원을 초과할 수 없음.

무엇이든 물어보세요!

Q 직원이 오늘까지 3일간 무단결근을 하고 있는데, 즉시 해고조치가 가능한가요?

A 취업규칙상 3일간의 무단결근 시 해고사유로 규정되어 있다고 하더라도 해당 내용이 강행법규에 반하지 않아야 정당한 해고가 가능합니다. 구체적 상황에 따라 달리 판단될 수 있겠으나, 무단결근의 정도가 중한 경우에(무단결근 5일 이상 등) 한해 정당한 해고가 가능한바, 좀 더 연락을 취하고 복귀를 독려하는 노력을 취해주는 것이 바람직할 것으로 사료됩니다.

2
대기발령 처분과 징계

대기발령의 의미

대기발령이란 근로자가 현재의 직위 또는 직무를 장래에 계속 담당하게 되면 업무상 장애 등이 예상되는 경우에 이를 예방하기 위해 일시적으로 당해 근로자에게 직위를 부여하지 아니함으로써 직무에 종사하지 못하도록 하는 잠정적인 조치를 의미합니다.

대기발령은 예방적, 임시적·잠정적 조치로서 직무에 종사하지 못하도록 하는 사용자의 처분을 의미하는바 근로자의 근로권 박탈, 기본권 침해, 생활상 불이익이 수반될 수 있으므로 제한된 범위 내에서 행사되어야 하며, 위반 시 대기발령의 정당성에 대한 법률 분쟁이 발생할 수 있습니다.

대기발령의 구분과 정당성 판단

대기발령의 사유

대기발령의 사유는 근로자 측 사유와 사용자 측 사유로 구분할 수 있습니다. 근로자 측 사유로 인한 경우 근로자의 귀책 사유에 대한 징계 절차의 일환으로 실시되어 징계로 이어질 수 있고, 사용자 측 사유의 경우 근로자의 잘못과는 무관한 경영상 이유이므로 인사권 행사의 정당성이 문제될 수 있습니다.

① 근로자 측 사유

- 직무수행능력이 부족한 경우 – 근로자가 직무수행능력이 부족해서 저성과자에 해당하는 경우 일정 기간 동안 대기발령을 실시하고 직무수행능력을 회복할 기회를 부여할 수 있습니다.
- 징계절차가 진행 중인 경우 – 근로자의 비위행위로 인해 징계절차가 진행 중임에도 근로자가 기존 직무를 계속해서 담당하는 경우에는 증거인멸, 비위행위의 재발, 회사재산의 침해 등의 문제가 발생할 수 있는바 대기발령을 활용할 수 있습니다.
- 형사사건으로 기소 또는 구속된 경우 – 근로자가 형사사건으로 기속되거나 구속된 경우, 정상적인 업무수행이 불가능하거나 업무수행의 장애가 발생할 수 있는바 형사사건의 기소 또는 구속이 해소되기 전까지 대기발령 처분을 활용할 수 있습니다.

② 사용자 측 사유

- 직제 개편을 위한 경우 – 경영상 합리적 조직운영을 위해 직제를

개편한다거나 인력운영을 수정하는 경우가 있는바 직제 개편이 완료되는 시점까지 직무를 수행하기 어려운 상황이라면 대기발령을 활용할 수 있습니다.
- 구조조정을 위한 경우 – 경영상 필요에 의해 정리해고가 필요한 경우 해고회피 노력의 일환으로 대기발령이 활용될 수 있으며, 구조조정의 규모 및 대상자 확정을 하기 전 단계로서 대기발령을 활용할 수 있습니다.
- 법률상 의무의 이행을 위한 경우 – 직장 내 성희롱, 직장 내 괴롭힘 발생 시 관련 법률에서는 피해자가 원한다면 가해자로 지목된 자와의 분리를 요구하고 있는바, 그런 경우 대기발령을 활용해서 피해자와 가해자로 지목된 자 간을 분리할 수 있습니다.

대기발령의 정당성

대기발령의 정당성은 대기발령의 사유가 존재하는지, 대기발령에 관한 절차규정을 준수했는지, 대기발령의 업무상 필요성이 근로자의 생활상 불이익보다 더 큰지, 근로자와의 협의 등 신의칙상 요구되는 절차를 거쳤는지의 여부에 따라 판단됩니다.

따라서 앞서 살펴보았던 대기발령의 근로자 측 또는 사용자 측 사유가 존재해야 할 것이고, 취업규칙 등에서 정하고 있는 대기발령 절차규정이 있다면 그에 따르면서 대기발령 처분이 이루어져야 하고, 대기발령 기간 동안의 임금이 과도하게 삭감되지 않고 대기발령 기간이 과도하게 길지 않아야 할 것이며, 대기발령 처분 이전에 근로자에게 성실하게 설명하는 과정(근로자 본인의 동의는 요하지 않더라도 사전에 성실하게 협의)을 거쳐 이루어져야 할 것입니다.

대기발령 이후 당연퇴직의 정당성

실무적으로 취업규칙에 '대기발령 기간 동안 대기발령 사유가 해소되지 않는 경우 당연 퇴직한다'라는 규정을 두고 있는 회사가 존재합니다. 그러나 해당 규정이 있다고 해서 대기발령에 이은 당연퇴직의 정당성이 인정되는 것은 아니고 해고 처분의 실질적 정당성을 갖춰야 합니다.

이러한 경우에도 일반해고와 다를 바 없으므로 대기발령 처분을 포함한 당연퇴직 처분의 정당성이 인정되어야 합니다. 아울러 설령 취업규상 당연퇴직 규정이 있다고 하더라도 사업장 내 징계해고 절차가 존재한다면 징계해고 절차를 거친 이후에 퇴직처리하는 것이 다툼의 소지를 줄이는 방법이 될 수 있을 것입니다.

실무상 유의사항

대기발령 기간 동안에는 근로자의 임금이 저하되는 것이 일반적인 바 대기발령 기간을 평균임금 산정 대상 기간에 포함할 수 있는지에 대한 실무적인 문의가 많은데, 이는 대기발령 처분이 정당한지의 여부에 따라 달라집니다.

대기발령이 정당한 처분이라면 대기발령 기간과 그 기간 중에 지급된 임금을 포함해서 평균임금을 산정할 수 있습니다. 반면 대기발령이 부당한 처분이라면 대기발령 기간과 그 기간 중 지급된 임금은 평균임금 산정 기준이 되는 기간과 임금의 총액에서 제외해야 할 것입니다.

무엇이든 물어보세요!

Q 대기발령 기간 동안의 임금은 어떻게 처리해야 하나요?

A 회사의 귀책 사유에 의한 휴업성 대기발령을 내린 경우라면 휴업수당에 준해 평균임금의 70% 혹은 통상임금(평균임금의 70%에 상당하는 금액이 통상임금을 초과하는 경우)를 지급해야 할 것입니다.

반면 근로자 측 귀책 사유에 따라 취업규칙 등에 명시된 징계의 하나로서 대기발령을 내린 경우에는 그 형태에 따라 기본급 등 회사에서 정한 대로 지급하면 될 것입니다.

3

전보, 전직 등 배치전환과 징계

배치전환 처분은 징계와는 다르다

근로자에 대한 전보, 전직 등 배치전환 처분은 인사권자인 사용자의 권한 행사로서 원칙적으로 징계가 아닙니다. 따라서 배치전환 처분은 징계와 구분되고 달리 취급되어야 할 것입니다.

다만, 배치전환 처분이 사용자의 재량권한 범위 내라고 하더라도 그러한 처분이 근로기준법에 위반되거나 권리남용에 해당한다면 위법·부당하다 할 것이고 부당인사명령구제신청의 대상이 될 것입니다. 따라서 배치전환 처분이 징계처분처럼 취급되지 않도록 정당한 사유와 절차를 거쳐서 이루어져야 할 것입니다.

배치전환 처분의 정당성 인정 요건

업무상 필요성

업무상 필요성이란, ① 인원 배치를 변경할 필요성이 있고, ② 인원 선택의 합리성이 있는 것을 의미합니다.

① 인원 배치를 변경할 필요성이란 기존 인원을 다른 근무 장소, 다른 업무로 배정할 필요성이 객관적으로 있었는지를 의미하며,

② 여러 근로자 중에서 특별히 이 근로자를 전직 대상으로 선택한 것에 대한 합리적인 이유가 필요한데, 이를 '인원 선택의 합리성'이라고 합니다. 특정 인원을 전직 대상으로 선택해서 발령하면 직장 질서의 유지나 회복, 근로자 간의 화합, 능률 증진 등이 이루어질 것으로 예상해 전직 대상으로 선택한 경우에도 인원 선택의 합리성이 있다고 봅니다.

근로자의 생활상의 불이익

전보, 전직 등 배치전환 처분으로 인한 생활상의 불이익은 경제적 불이익만을 의미하는 것은 아니고 정신적·육체적·사회적 불이익을 모두 포함하는 포괄적인 개념입니다. 생활상의 불이익 기준은 수당 감소 등 임금 관련 불이익이 있는지, 출퇴근 시간이나 기타 그 밖의 근로조건 변동이 있는지, 전보로 인해 승진이나 평가에서 불이익이 발생했는지 등으로 판단할 수 있습니다.

판례는 직무내용의 변경으로 인해 업무상 어려움이 막대해진 경우, 상당한 수준의 임금 감소가 있는 경우, 교통비·급여보전이 없이 원격지로 전보되어 통근에 소요되는 시간과 비용이 막대해진 경우, 전보로 인해 부모와 자녀 등 가족부양이 곤란해진 경우 등이 생활상의 불이익이 상당한 경우로 인정하고 있습니다.

근로자와 성실한 사전 협의

성실한 협의는 신의칙상 요구되는 절차로서 전보, 전직 등 배치전환 처분이 있기 전에 근로자에게 이를 알리고 협의하는 절차를 거침으로써 사전에 근로자가 대비할 시간을 부여하는 의미입니다. 근로자와 성실한 사전 협의를 거치지 않았다는 이유만으로 처분이 무효가 되는 것은 아니지만, 정당성 판단에 있어 부수적인 요소로서 작용할 수 있는바 법적 분쟁 시 상당한 역할을 할 수 있으므로 거쳐두는 것이 필요합니다.

인사발령 시 고려사항

① 희망자 모집(응시한 자가 없을 것이라고 하더라도 모집 절차를 거쳤는지)
② 직무에 적응하기 위한 교육, 준비기간 부여 등 배려 조치
③ 대상 근로자를 설득하기 위한 회사의 노력(동의까지는 아니더라도 인사 조치에 대한 충분한 협의)
④ 생활상 불편을 최소화하기 위해 여러 가지 현실적인 처우방안을 마련(전보 처분으로 인해 실제로 발생하는 경비를 지원하고 원격지 수당 등으로 인사발령으로 인한 불이익을 금전적인 보상해주는 등)
⑤ 합리적인 기준에 의한 대상자 선정(근무평정 또는 인사배치 기준 등에 의해 해당자가 인사발령 대상자에 가장 적합하다는 객관적인 입증)
⑥ 과거 인사발령과 관련해 회사에서 조치했던 사례(과거 사례를 비추어 보아도 해당자를 인사발령 대상자로 삼은 것에 대한 타당성이 인정되는 경우)
⑦ 인력을 조달하기 어려움(해당 직책을 수용할 인력을 조달할 어려움이 인정되는 경우 등)
⑧ 인사발령 기간의 합리적 설정
⑨ 기타 부양가족 등 인사발령 시 개인적인 사항의 고려 여부

실무상 유의사항

근로계약, 취업규칙 등에 근로자의 근무내용이나 근무장소가 구체적으로 특정이 되어 있는 경우에는 사용자가 이를 일방적으로 변경할 수 없고 해당 근로자의 동의가 필요합니다. 아울러 의사, 변호사 등 특수한 자격이나 기술을 이유로 고용된 경우에는 업무가 특정된 것으로 보아 업무 내용을 변경하기 위해서는 근로자 본인의 동의가 있어야 합니다.

때문에 인사실무상 근로계약서 또는 취업규칙 등에 '직원의 직무, 근로장소 등은 회사의 업무상 필요에 따라 추후 변경될 수 있다'라는 문구를 규정함으로써 전보, 전직 등 배치전환의 권한에 대한 포괄적 동의를 받아두는 것도 원활한 인력 운영을 위한 방안이 될 수 있을 것입니다.

무엇이든 물어보세요!

Q 구조조정에 따른 부서 통폐합으로 인한 전보발령도 정당성을 인정받을 수 있나요?

A 구조조정에 따른 부서 통폐합의 경우에도 업무상 필요성과 근로자의 생활상 불이익의 비교 및 근로자와 성실한 사전 협의 여부를 바탕으로 정당성이 판단되어야 합니다. 다만 구조조정에 따른 부서 통폐합으로 인해 보직이 없어지거나 인원의 재배치 필요성이 인정되는 경우에는 업무상 필요성이 있다고 인정될 수 있을 것입니다.

4
전적처분과 징계

전적은 징계가 아니나 엄격한 요건을 요구한다

전적은 기존 회사와의 고용관계를 종료하고 이적하게 될 새로운 회사와의 사이에 새로운 고용관계를 맺는 것을 의미합니다. 전적은 기본적으로 징계가 아니지만, 사용자 변경이라는 중대한 근로관계의 변경이 발생하는바 동일 기업 내의 인사이동인 전직·전보 처분과는 달리 특별한 사정이 없는 한 개별 근로자의 동의라는 엄격한 요건을 요구합니다. 개별 근로자의 동의라는 엄격한 요건을 갖추어야 함에 따라 전적 처분이 이루어지는 과정에서 부당해고 등의 법률적 분쟁이 발생하는 경우가 많으므로 법에서 정하는 요건과 절차를 준수하는 노력이 필요합니다.

전적에 대한 동의 방법

근로자의 개별적 동의가 원칙

전적은 근로관계 당사자의 변동이라는 새로운 근로관계가 성립되는 바 근로자 본인의 개별적 동의가 원칙입니다. 실질적인 퇴직과 신규입사의 절차를 거쳐야 합니다. 따라서 취업규칙, 인사규정 등에서 '회사는 기업 간 인사이동을 시킬 수 있다, 전적 처분을 하는 경우 따라야 한다'라는 취지의 규정을 두었다고 하더라도 이를 이유로 근로자 개인의 동의권을 배제시킬 수 없고 이를 위반한 인사처분 명령은 무효해 해당합니다. 전적 명령에 응할 것인지, 응하지 않을 것인지에 대한 결정은 근로자 개인의 선택권한인바 근로자가 전적 명령을 거부하는 경우, 회사는 일방적인 전적명령을 할 수 없으며 위반 시 무효에 해당합니다.

포괄적 사전 동의도 가능

근로자 동의는 전적이 이루어지는 시점에 반드시 받아야 하는 것은 아니고, 입사 당시 또는 근무하는 동안 전적에 대해 사전적 동의를 받는 것도 가능합니다. 다만 이러한 사전적 동의가 유효하기 위해서는 전적 할 기업이 특성되어야 하고, 그 기업에서 종사해야 할 업무에 관한 사항 등 기본적인 근로조건을 명시해서 동의를 얻어야만 유효한 사전 동의로 인정될 수 있습니다.

대표적으로 그룹사, 계열사 간 전적 가능성이 있는 경우 사전에 전적 동의서를 받아두는 것이 필요한데, 그룹사 간 전적명령에 대한 사전 동의가 유효하기 위해서는 전적할 기업을 특정하고 그 기업에서 종사해야 할 업무에 관한 사항 등의 기본적인 근로조건을 명시해서 근로자의 동의를 얻어야 한다는 것이 판례의 태도입니다. 따라서 입사 시점에 근로계약을 체결하면서 전적동의서를 받아두고(입사 이후에는 전적동의서를 받는 것이 쉽지 않을 수 있음) 예상되는 전적 기업의 리스트를 동의서에 명시하며(반드시 하나의 기업만을 지정할 필요는 없고, 여러 개 기업으로의 전적이 예상된다면 여러 개 기업 전부를 명시하는 것도 가능) 전적 후 기업에서 종사할 업무에 관한 사항 등 기본적인 근로조건을 명시(업무 내용, 임금·퇴직금·휴가 등의 처리기준)한다면 유효한 사전 동의서로 인정받을 수 있습니다.

관행에 의한 전적은 신중하게 판단해야 함

근로자의 동의를 얻지 않고 관행에 의한 전적의 유효성을 인정받기 위해서는 '관행이 기업에서 일반적으로 근로관계를 규율하는 규범적인 사실로서 명확히 승인되거나, 기업의 구성원이 일반적으로 아무런 이의도 제기하지 아니한 채 당연한 것으로 받아들여 기업 내에서 사실상의 제도로서 확립되어 있어야 한다'라는 것이 법원의 태도입니다.

법원의 기준을 충족해서 전적에 대한 관행을 인정받기 위해서는 근로관계를 규율하는 규범적인 사실로서 명확한 승인이나 사실상의 제도로서 확립되었다는 것을 인정받아야 한다는 것인데, 이는 상당히 주관적인 해석일 수밖에 없고 판단 기준에 따라 인정 여부가 달라질 수밖에 없어 실제로도 법적인 다툼이 가장 많이 발생하는 이유가 됩니다. 따라서 관행에 의한 전적은 되도록 지양하고 사전에 포괄적 동의를 받아두거나 근로자 개인의 동의를 받으면서 전적 처분을 실시하려는 노력이 필요할 것입니다.

전적 후의 근로관계

전적이 유효하다면 종전 사용자와의 근로관계는 단절되고 새로운 사용자와의 근로관계가 새로이 시작됩니다. 따라서 퇴직금 및 연차유급휴가 산정 등을 위한 기산일은 전적된 회사에서부터 새롭게 시작하는 것이 원칙입니다. 다만, 당사자 사이에 종전 기업과의 근로관계를 승계하기로 하는 특약이 있거나 이적하게 될 기업의 취업규칙 등에 종전 기업에서의 근속기간을 통산하도록 하는 규정이나 관행이 있는 등 특별한 사정이 있는 경우, 종전 사용자와의 근로관계는 그대로 승계될 수 있습니다.

따라서 전적동의서를 징구하는 과정에서 전적 전후의 근로관계 승계 여부에 대해 명확하게 명시함으로써 법률적 다툼을 없애고 전적에 대한 동의율을 높이는 방법으로 진행하는 것이 필요할 것입니다.

무엇이든 물어보세요!

Q 전적 전 회사의 근속기간이 1년 미만인 경우, 퇴직금을 지급해야 하나요?

A 선석 선 회사에서 계속근로기간 1년 미만인 근로자가 전적한 경우, 원칙적으로 전적 전후 각각의 계속근로기간이 1년 이상인 경우에 한해 각 사용자가 퇴직급여 지급 의무가 있으므로 퇴직금이 발생했다고 볼 수 없습니다. 다만, 전적 시 기업 간 약정과 근로자와의 합의를 통해 새로운 기업에서 종전 근로기간을 포함해서 계속근로기간을 산정해 퇴직금을 지급하기로 한 경우에는 두 회사의 전체 계속근로기간이 1년 이상인 경우에 전적 후 회사에서 퇴직급여를 지급해야 할 것입니다.

5

징계해고의
제한

신중하게 결정해야 할 징계해고

해고는 유효하게 성립된 근로계약을 사용자가 일방적으로 해지시키는 법률행위로서, 이는 근로자의 생활에 중대한 영향을 미치는 것이므로 노동법상 많은 제한을 가하고 있습니다. 징계해고는 그 자체로서 가장 중대한 징계처분이므로 근로자와의 고용관계를 유지할 수 없을 정도의 중대한 귀책 사유를 요구하고 있으며, 법률로서 해고의 시기와 제한을 규정하고 있으므로 이를 모두 고려해서 신중한 처분이 이루어져야 할 것입니다.

해고에 대한 노동법상 제한

해고 시기의 제한

근로자의 큰 잘못이 드러나서 근로자를 해고할 수 있는 정당한 사유가 있다고 하더라도 업무상 질병, 부상자나 출산전후휴가 중인 자 및 육아휴직 중인 자를 바로 해고할 수는 없습니다. 이는 노동력 상실 및 출산으로 인한 근로 제공불가와 회복기간 동안 근로자가 실직의 위협으로부터 벗어나 재기할 수 있도록 하는 데 그 목적이 있습니다.

이 기간 동안에는 정당한 사유가 있다고 하더라도 절대 해고를 할 수 없으며, 위반 시 형사처벌의 대상이 될 수 있으므로 반드시 주의해야 합니다.

원칙	• 업무상 부상, 질병의 요양을 위해 휴업한 기간과 그 후 30일간 • 출산 전·후 휴가기간과 그 후 30일간 • 육아휴직기간
예외	• 근로기준법 제84조의 일시보상(평균임금의 1,340일)을 행한 경우 • 사업을 계속할 수 없는 경우
위반 시 효력	• 해고금지기간에 해고할 경우 무효가 됨. • 벌칙(5년 이하 징역 또는 5,000만 원 이하 벌금)이 적용됨.

기타 해고 제한 사항

근로기준법 제6조에 따라 국적, 신앙, 사회적 신분, 성별 등을 차별해 균등처우에 반하는 해고는 금지됩니다. 이러한 이유로 해고를 하게 되면 당연히 정당한 사유가 없는 것으로 인정됩니다.

근로기준법 제104조에 따라 사용자가 근로기준법 등 노동법을 위반했다는 사실을 근로자가 근로감독관에게 신고 또는 통보했다는 것을 이유로 해고를 하거나 기타 불이익한 처우를 할 수 없습니다.

노동조합 및 노동관계조정법 제81조에 따라 근로자가 노동조합을 설립하려고 했거나, 설립되어 있는 노동조합에 가입하려고 했거나, 노동조합원으로서 정당한 노동조합 활동을 했다는 등의 이유로 해고나 기타 불이익한 처우를 할 수 없습니다. 참고로 이러한 경우에는 부당해고에 해당될 뿐만 아니라 부당노동행위에도 해당됩니다.

무엇이든 물어보세요!

Q 근로자의 잘못이 취업규칙상 해고사유로 규정되어 있다면 무조건 해고가 가능한가요?

A 취업규칙상 해고사유로 규정되어 있다고 해서 해고처분이 모두 정당한 것은 아닙니다. 징계처분 중 가장 엄격한 처분인 징계해고가 정당하기 위해서는 사회통념상 근로관계를 지속할 수 없을 정도의 근로자 귀책이 요구됩니다.

따라서 취업규칙상 징계해고 사유로 규정되어 있다는 이유만으로 징계해고처분을 결정할 것이 아니고, '행위의 동기와 경위, 해당 근로자의 지위 및 담당 직무의 내용, 평소 근무태도, 해당 근로자의 비위행위로 인해 기업의 위계질서가 문란하게 될 위험성과 기업질서에 미칠 영향 등 징계사유 전체와 징계의 전후 사정' 등을 종합적으로 고려해서 징계의 수위가 결정되어야 합니다.

6

저성과자에 대한 해고

저성과자와 관련된 갈등이 많다

업무능력 결여, 근무성적 부진 등 저성과자로 인한 회사의 고민이 많은 것이 현실입니다. 회사 입장에서는 저성과자를 정리하고 회사경쟁력을 높이고 싶어 하나 저성과자 입장에서는 뚜렷한 잘못 없이 생계가 달린 직장을 그만두어야 문제가 발생하게 됩니다. 근로자가 비위행위를 저질러 징계해고되는 경우와는 다르게 저성과자라는 판단이 주관적일 수 있고 확실히 드러나는 해고사유를 찾기 어려워 저성과자 해고를 둘러싼 갈등과 법률적 다툼이 존재하는 것이 실무상 많이 발생하는 사례입니다.

저성과를 이유로 한 해고의 정당성 판단

해고 사유 등 근거를 명확하게 규정함이 필요하다

저성과자에 대한 판단은 주관적일 수밖에 없고, 해고의 정당성에 대한 다툼이 존재할 수밖에 없습니다. 따라서 근로 제공 의무 이행 여부에 대한 판단과 예측가능성을 제고하고 정당성을 둘러싼 분쟁을 최소화하기 위해서는 취업규칙에 해고사유의 하나로 업무능력 결여, 근무성적 부진 등을 명시하는 것이 필요합니다.

규정명시의 방법이 법적으로 정해진 것은 없으나 취업규칙상 징계, 해고와 관련된 파트에 해고의 사유로 '근무성적이 현저히 불량한 경우에는 해고할 수 있다'라고 규정하는 것이 일반적입니다. 이러한 취업규칙상 해고에 관한 규정을 신설하거나 추가하는 경우에는 불이익한 변경으로 보아 근로자의 동의를 얻어야 하는 것이 원칙이고, 다만 기존에 이미 존재하고 있던 내용을 구체화하는 경우에 지나지 않는다면 불이익 변경에 해당하지 않아 근로자 의견 청취를 거쳐서 변경할 수 있다는 것이 판례의 입장입니다.

따라서 저성과자에 대한 해고의 필요성이 있는지, 취업규칙상 저성과자에 대한 해고 조항이 있는지, 해고 조항을 신설하는 것인지, 단지 기존 조항을 구체화하는 것에 지나지 않는지를 판단해서 근거를 마련하고 변경 절차를 준수하는 노력이 필요합니다.

객관적이고 공정한 평가를 통해 판단해야 한다

저성과자라는 판단은 주관적이고 자의적으로 이루어지면 안 되고 객관적이고 공정한 방법을 통해 입증되어야 합니다. 근로자를 압박하고 퇴직을 종용하기 위해 저성과자라는 프레임을 씌워 해고하는 경우를 방지하고, 부당해고라는 법적 다툼 시 입증의 방법으로 활용하기 위해서는 반드시 요구되는 과정입니다.

평가제도와 관련해서 정답은 없으나 평가는 사용자의 재량이나 재량권을 일탈·남용하지 않도록 해야 합니다.

평가기준	• 평가대상 : 업무능력, 근무실적 등 • 평가항목 : 평가항목을 구체화·세분화 • 근로자의 참여 : 노사협의회, 근로자 대표 등과 충분한 협의를 통해 의견 반영
평가방법	• 계량평가, 절대평가를 원칙으로 하되, 직종·업무의 특성에 따라 불가피하게 비계량, 상대평가를 활용하는 경우에도 계량·절대평가로 상호 보완
평가의 실행	• 평가의 일관성·공정성을 기할 수 있는 평가자를 선정 • 사전에 정한 평가기준과 절차 준수 • 평가결과 공개, 이의제기절차 등을 통해 신뢰성 제고
업무능력결여, 근무성적 부진자 선정	• 수회의 평가에서 업무능력 부족이 상당 기간 지속적으로 나타나야 함. • 평가결과가 낮은 경우에도 업무 외의 사정 및 근로자 상황 등을 고려

업무능력 향상을 위한 교육훈련의 기회를 제공해야 한다

해고 처분은 근로자의 생존권을 위협하는 문제로서 근로자에게 저성과자 탈출을 위한 여러 가지 기회를 부여한 이후에 최후의 방법으로 신중하게 이루어져야 합니다. 따라서 근로자가 업무능력이 부족하거나 실적이 저조하더라도 재교육, 역량향상프로그램 등을 시행해서 업무 능력 개선을 위한 충분한 기회를 부여해야 합니다. 그러한 기회를 부여한 이후에도 여전히 저성과자로 남는다면 그때야 비로소 해고의 가능성이 있는 것입니다.

교육훈련 기회의 부여와 정도에 대해서는 사안에 따라 달리 판단되어야 할 것이나 단 1회의 교육훈련의 기회와 단 1회의 판단으로 저성과자로 분류하고 해고하는 것은 타당하지 않고, 평가 결과 최하위 등급자에게 교육훈련 기회를 수개월간 부여했음에도 연이은 평가에서 다시 최하위 등급을 획득하는 등 상당한 기간 동안 여러 차례의 기회 부여를 전제해 결정되어야 할 것입니다.

배치전환 등 고용유지 노력을 해야 한다

본인이 맡고 있는 직무와 성향이 맞지 않아 성과가 저조한 경우가 존재할 수 있는바 다른 직무로의 배치전환을 통해 저성과자를 탈출할 수 있는 기회를 부여해야 합니다. 예컨대 대인관계가 원만하지 않은 영업직 직원이라면, 고객을 상대하지 않는 서무부서나 생산부서로의 배치전환을 검토해볼 수 있는 것입니다. 그러한 배치전환 노력에도 불구하고 저성과자의 상태라면 해고를 고려할 수 있을 것입니다.

다만 이때 주의해야 할 점은 배치전환이 근로자 퇴출을 종용하기 위한 수단으로 활용된 것이 아닌 진실로서 조직의 효율성을 제고하기 위한 수단으로 활용되어야 할 것입니다.

실무상 유의사항

최근 대법원에서는(2022다281194 판결) 대기업의 '저성과자 성과향상 프로그램'과 관련해 "저성과자들을 대상으로 실시되는 성과향상 프로그램은 근로자들의 역량 강화를 위해 시행된 적법한 제도이며, 사용자가 인사평가 결과에 따라 근로자의 급여를 동결 또는 삭감한 것 역시 적법·유효하다"라고 판단한 바 있습니다.

관련 판결에서는 최초 영업성과 제고를 목적으로 개인 역량강화를 위해 도입된 것으로 보이는 점, 역량향상프로그램으로 실시된 교육내용이 일반적 역량향상 및 개별 직무교육으로 이루어진 점, 성과향상 프로그램에 참여한 인원 중 약 23%가 보통 이상 등급을 받아 성장 한계 인력에서 제외된 사실이 있는 점 등을 근거로 해당 프로그램이 근로자퇴출프로그램이라고 보기는 어렵다고 판단한 근거를 제시한 바 있습니다. 이는 대기업의 저성과자 프로그램에 대한 판단이 있었던 최근 판례로서 의미가 있는바 적법한 사업장 운영을 위한 노력이 필요한 시기입니다.

무엇이든 물어보세요!

Q 새로 입사한 직원이 있는데 성과가 너무 저조해 해고하고 싶습니다. 즉시 해고 가능할까요?

A 근로자에 대한 해고는 신중하고 최후의 수단으로 행사되어야 하므로 저성과자라는 판단을 기업이 자의적으로 결정하고 성과향상을 위한 조치 없이 즉시하고 하는 것은 부당해고에 해당합니다. 수습 기간이 존재해서 수습 기간 만료에 맞추어 본재용을 서부하시거나 근로자에게 사직서를 받거나 당사자 간 합의로 권고사직 처리하는 등의 경우가 아니라면 부당해고에 해당할 수 있음을 알려드립니다.

7

엄격한 요건을 갖춰야 하는 정리해고

정리해고는 신중하고 엄격하게 실시해야 한다

사업 일부의 축소나 폐지 등으로 인해 경영이 어려워질 경우, 인건비 감축을 위해 잉여인력을 해고하는 것이 정리해고입니다. 정리해고는 근로자의 잘못과는 무관하게 회사의 경영상 사유로 인한 것이고, 한번 이루어지면 대량의 해고가 발생한다는 점에서 근로기준법에서는 일반해고의 경우보다 엄격하게 규제하고 있습니다. 근로기준법에 따라 정리해고가 정당하기 위해서는 '① 긴박한 경영상 필요성, ② 해고회피노력, ③ 합리적, 공정한 해고자 선정, ④ 50일 전 근로자 대표와 성실한 협의'라는 4가지 요건을 모두 충족해야만 합니다.

정리해고의 4가지 요건

긴박한 경영상 필요성

긴박한 경영상의 필요성의 요건은 해고해야 할 필요성으로서 다른 요건들에 앞서는 전제조건입니다. 기업은 직원을 고용유지할 의무가 있는바 긴박한 경영상 필요성이 없다면 정리해고는 불가능하고 해고회피 노력, 합리적 공정한 해고자 선정 등의 다른 요소는 무의미한 것입니다. 일반적으로 긴박한 경영상의 필요성 판단은 기업의 총자본수익률, 고정자본 구성비율, 결산재무제표, 과거와 현재의 영업실적, 채무금 상환 등 재무적 구조를 통해 판단할 수 있습니다.

긴박한 경영상 필요성을 인정한 사례

○ 생산의 중단·축소로 인해 작업부서를 폐지한 사례

> **관련 판례**
>
> 정리해고가 정당한 이유가 있다고 하기 위해서는 긴박한 경영상의 필요성이 있어야 하는 것인바 이는 기업이 일정 수의 근로자를 해고치 않으면 경영악화로 사업을 계속할 수 없거나 적어도 기업재정상 심히 곤란한 처지에 놓일 개연성이 있을 경우를 뜻한다고 할 것인바, 골재생산·레미콘 제조를 업으로 하는 기업이 한강 구역 내에서 골재생산을 중단, 축소 조절할 수밖에 없고 이에 따라 일정 공구사업소를 폐지해서 사업규모가 대폭 축소되었다면 이는 긴박한 경영상 필요가 있다고 인정된다(대판 1990. 1. 12, 88다카34094).

○ 계속된 노사분규로 인해 장기적으로 경영이 악화된 사례

> **관련 판례**
>
> 자본금이 총 8억 원인 회사가 계속적인 노사분규로 1년 동안 무려 4억 원의 적자가 발생할 정도였다면 경영이 악화된 것이고 그 경영사정이 호전될 전망이 전혀 보이지 않는다면 이는 노사분규로 인한 파업 등으로 일시적으로 매출이 줄어드는 임시적인 곤경에 그친다고 할 수 없기 때문에 근로자를 해고했다면 이는 정당한 해고에 해당한다(대판 1992. 5. 12, 90누9421).

○ 원청회사의 화재로 정상가동이 불가능해서 감원한 사례

> **중노위 재결**
>
> 신청인 회사는 ○○전자(주) 및 ○○캐리어에 제품을 납품하고 있는 하청업체로 적자운영과 자금압박을 받아오던 중 원청회사의 화재로 인한 정상가동이 불가함이 예상되어 부득이 입사경력이 적은 순으로 감원한 것은 불가피하다고 본 사례(중노위 재결 1991. 5. 14, 91부해23)

○ 계속적인 경영적자로 인원을 감축한 사례

> **중노위 재결**
>
> 선박건조 및 해상철구조물 제조업을 경영하는 피신청인 회사는 조선불황의 여파로 1986년 총부채액이 1조 4,892억 원에 이르는 등 극도의 경영위기에 처했으며, 후에도 계속 경영적자가 발생해서 1988년에는 일반직 417명, 생산직 519명 등 상당의 종업원이 퇴사한 사실에 비추어, 일정수의 근로자를 정리해고하지 아니하면 기업재정상 심히 곤란한 처지에 처할 것임을 인정한 사례(중노위 재결 1990. 12. 3, 90부해113)

해고회피노력

긴박한 경영상 필요가 있다고 하더라도 경영상 해고를 하기에 앞서서 고용을 유지하기 위한 노력을 상당 기간 동안 경주해야 하고 이를 '해고회피노력'이라 합니다. 만약 해고회피노력이 충분하지 않은 경우, 해고의 정당성이 부정될 수 있으니 주의가 필요합니다. 그동안 대법원 판례에 비추어 '연장근로의 축소, 근로시간(임금) 감축 등 인건비 절감, 신규채용의 중지, 임시직 등의 재계약 정지, 배치전환·사외파견·전직훈련·다른 직종으로의 전환, 일시휴업(휴직), 퇴직희망자 모집, 사무실 규모 축소, 임원의 임금 동결 등을 해고회피노력으로 인정하고 있습니다.

해고회피노력을 인정한 사례

○ 사실상 해고조치 외에 마땅한 방법이 없는 경우의 사례

> **관련 판례**
>
> 회사 구로공장의 폐업이 긴급한 경영상의 필요에 의한 것이고, 피고 회사가 이로 인해 구로공장의 근로자 전부를 해고함에 있어서 그 근로자들을 본사 내수공장이나 성남공장으로 전근시킬 여지가 없었고, 다른 해고회피를 위한 조치도 취할 수 없는 경우라고 판단해서 해고회피노력이 없었음을 이유로 부당해고라고 주장하는 원고의 상고를 기각한 사례(대판 1992.12. 22, 92다14779).

○ 해고 대상 근로자를 타업체에 현 급여를 보장하면서 인수시킨 사례

> **관련 판례**
>
> 건물 관리 회사가 경영상의 필요에 의해 건물의 시설관리업무를 전문용역 업체에 위탁함에 따라 직제가 폐지되는 근로자들을 수탁업체가 현 급여를 보장하면서 전원 인수하기로 합의한 경우, 이에 불응한 근로자에 대한 정리해고가 정당하다고 본 사례(대판 99두1809, 1999. 5. 11)

○ 신규채용 중단, 명예퇴직 실시 등을 실시한 사례

> **관련 판례**
>
> 위 장비사업소가 1990년도 이래 신규채용을 중단하고, 잉여인원을 사업소가 또는 자택대기상태에서 임금을 지급하는가 하면 명예퇴직을 실시해 퇴직위로금을 지급했고, 이 사건 정리해고 당시에도 전직훈련계획을 세워 시행하려고 하자 노동조합 측에서 근로자들이 고령이라서 전직훈련의 효과를 기대하기 어렵다는 이유로 그 대안으로 정리해고를 제안해서 수차례에 걸친 노사협의에 의해 정리해고 대상자를 선정했다면 참가인 회사로서는 해고회피노력을 다했다고 할 것이고, 이미 노사합의에서 정한 기준에 따라 정리해고 대상자로 선정된 원고들을 전직배치하지 아니했다 해서 해고회피노력을 다하지 아니한 것으로는 볼 수 없다 할 것이다(서울고법 1996. 5. 9, 95구19784).

○ 기구 통·폐합을 단행하면서 취업알선, 일정 기간 임금지급 등을 행한 사례

> **중노위 재결**
>
> 경영악화를 극복하고자 기구 통폐합을 단행하면서 타사업장으로서 전직·취업을 알선했고, 또한 인원감축기준에 의해 대상자로 선정된 자들에게 2년여 동안 임금을 지급하면서 충분한 전직의 기회를 부여한 점에 비추어 정리해고가 부당하다고 할 수 없음(중노위 재결 1990. 12. 3, 90부해113).

합리적, 공정한 해고자 선정

해고 대상자는 합리적이고 공정한 기준에 의해 선정되어야만 근로자들의 수용성이 높아짐은 물론, 근로자들의 희생을 최소한도로 줄일 수 있을 것입니다. 만약 이러한 합리성과 공정성이 결여된다면 설사 긴박한 경영상의 필요성과 해고회피노력이 인정된다고 하더라도 해고 자체가 무효가 될 수 있습니다. 해고 대상자의 선정기준은 사전에 단체협약이나 취업규칙으로 정해 두는 것이 바람직할 것이나 만일 그렇지 못했다면 해고 시점에서 사용자와 근로자 대표가 대상자 선정에 관한 협의를 거침으로써 최대한 근로자들의 의견을 반영하고 합리적이고 공정한 원칙을 정해야 할 것입니다.

합리적, 공정한 해고자 선정으로 인정한 사례

○ 평소근무성적, 상벌관계, 경력, 기능의 숙련도 등을 고려한 사례

> **관련 판례**
>
> 경영합리화를 위해서 사내폭행, 근무불성실 등의 이유로 징계처분을 받은 바 있는 전(前) 노조위원장을 해고한 경우에 1983년 8월 이후에는 생산물량의 미확보로 생산부 기능공의 70%가량의 환경정비… 등의 비생산분야에 종사하는 중 경영합리화를 위한 인사정책으로 같은 해 11월 30일 서울사무소의 부장, 과장, 대리 각 1명을 감원한 데 이어 같은 해 12월 30일 여공원 19명, 남자공원 1명, 사환 3명 등 23명을 감원조치했고, 위 감원조치를 함에 있어 종업원들의 평소근무성적, 상벌관계, 경력, 기능의 숙련도 등의 기준에 의해 감원대상자를 선정했던 사실을 인정할 수 있으므로 위 해고는 정당하다(대판 1987. 5.12, 86누690).

○ 소속부서 근로자만을 대상으로 한 사례

> **관련 판례**
>
> 사업부별로 별도의 노동조합이 결성되어 실질적인 경영자와 각기 독자적으로 단체교섭 등의 노조활동을 해왔고 그에 따라 근로자들도 제1사업부와 제2사업부를 전혀 독립한 별개의 사업장으로 인식하고 있었다는 것인바, 이러한 사정이라면 적자를 내고 있고 경영상 심히 곤란을 겪고 있는 제1사업부를 폐지해 인원감축을 하는 것이 불합리하다 할 수 없어 피고회사는 제1사업부를 폐지해 인원감축을 해야 할 긴박한 경영상의 필요가 있었다 할 것이고, 피고회사가 위와 같은 긴박한 경영상의 필요에 의해 제1사업부를 폐지함에 있어 제1사업부 소속 전체 근로자들을 해고 대상자로 선정한 것이 형평에 어긋난다고 할 수 없음(대판 1994. 5. 10, 93다4892).

○ 인사고과상 직급별 순위 최하위자들을 경영상 해고한 사례

> **중노위 재결**
>
> 신청인 회사에서 정리해고를 하기에 앞서 인원감축의 한 방법으로 명예퇴직제를 실시하고, 이를 수용하지 않은 직원에 대해 고과성적이 직급별 순위 최하위자들을 해고 대상자로 선정했는바, 인사고과의 채점과정에서 회사 측의 자의가 게재되어 선정의 형평성이나 공정성이 결여되었다고 볼 이유나 근거가 없는 상황이라면 피신청인에 대한 정리해고는 정당(중노위 1994. 4. 6, 93부해310)

50일 전 근로자 대표와 성실한 협의

정리해고가 정당성을 확보하려면 앞서 언급한 3가지의 요건은 물론이고, 근로자 대표와의 성실한 협의라는 절차적 요건도 충족해야 합니다. 협의는 해고하고자 하는 날의 50일 전까지 노동조합(과반수 노동조합이 있는 경우) 또는 근로자 대표(과반수 노동조합이 없는 경우)에게 해고 회피방법 및 해고 대상자 선정기준 등을 통보하면서 시작해야 합니다. 이때의 '협의'란 필요한 사항을 상대방에게 설명해서 상대방의 의견을 듣고 또 질문에 성의껏 답변하는 것을 말하며, 근로자 측 의견 중 수용 가능한 것은 최대한 수용하고, 그렇지 못한 경우에는 그 이유를 제시하고 납득시켜야 할 것입니다.

근로자 대표와 성실한 협의를 했다고 보기 어려운 사례

- 근로자 대표와 협의 없이 해고하는 경우
- 근로자 대표에게 일방적으로 해고계획을 통보만 하고 해고하는 경우
- 노동조합이 없다는 이유로 협의하지 아니한 경우
- 사용자가 해고회피방법 및 해고기준을 제시하지 않고 협의를 하는 경우
- 근로자 대표에게 해고회피방법 및 해고기준을 통보한 후 50일이 경과하지 않은 상태에서 일방적으로 해고하는 경우 등

근로자 대표와 성실한 협의를 했다고 본 사례

○ 경영상 해고 대상자가 조합원이 아니더라도 노동조합과의 협의만으로 충분하다는 사례

관련 판례

비록 회사가 조합원이 아닌 정리해고 대상자들과 해고에 앞서 성실한 협의를 거치지 않았다고 하더라도 조합원들을 대표한 노동조합과 협의를 거쳤으며, 나머지 정리해고의 유효요건인 인원삭감을 해야 할 긴박한 경영상의 필요성이 있어야 하고, 해고회피를 위한 노력을 했어야 하며, 합리적이고 공정한 정리기준에 의해 해고 대상자를 선정해야 한다는 요건을 충족시키는 경우에는 회사가 사전협의를 거치지 아니했다고 하더라도 전체적으로 고려하여 보면 이 사건의 정리해고는 유효하다(대판 1992. 8. 14, 92다16973).

○ 노사협의회에서 수차례 협의한 사례

> **중노위 재결**
>
> 사업의 일부조직을 폐쇄하면서 노사협의회에서 수차례의 협의과정을 통하여 부서폐쇄의 불가피성과 해고 대상자의 처우문제에 대한 설명 및 회합을 가진 바 있으며, 동 협의회에서 부서폐쇄에 동의한다는 발표에 이르렀던 점에 비추어 근로자 측과 성실한 협의를 거친 것으로 인정(중노위 재결 1990. 9. 20, 90부해74)

실무상 유의사항

정리해고는 근로기준법에서 정하는 4가지 요건을 모두 충족해야 하는바 회사에서 자체적으로 실시하기에는 법률적 부담이 크므로 노무사 등 전문가의 조력을 받는 것이 바람직합니다. 정리해고의 4가지 요건을 간단하게 도식화한 다음의 내용을 참고하시기 바랍니다.

경영상 해고의 요건 및 절차 개요

긴박한 경영상의 필요 발생

- 계속되는 경영악화로 경영위기 직면
- 경영악화 방지를 위한 사업의 양도·인수·합병
- 일부 사업의 폐지, 업종의 전환
- 신기술의 도입, 기술혁신 등에 의한 작업형태의 변경 등으로 감원이 객관적으로 보아 합리성이 있는 경우

▼

해고회피노력

- 연장근로의 제한, 동시휴가
- 근로시간(임금) 감축 등 인건비 절감
- 신규채용 중지
- 임시직의 재계약 정지
- 배치전환, 사외파견
- 일시휴업(휴직)
- 퇴직희망자의 모집 등

⇔ **성실한 협의**
(해고회피방법 및 해고기준 등을 해고 50일 전에 근로자 대표에게 통보)

노동조합 또는 근로자 대표

▼

합리적, 공정한 해고자 선정

- 사용자와 근로자 쌍방의 입장을 충분히 고려해서 결정
  - 사용자(근로자의 근무성적·능력 등)
  - 근로자(근속기간, 피부양자 수 등)
  - ※ 남녀 차별 금지

⇔ **성실한 협의**

- 해고회피를 위한 대안
- 해고자 선정 기준에 대한 의견·대안

(해고 30일 전) ▼ 노동부에 신고[10%(10인) 이상 및 100인 이상 해고 시]

경영상 이유에 의한 해고 실시

- 30일 전 해고예고 또는 수당(30일분 통상임금) 지급

▼

해고자 우선 재고용 의무

(경영상 해고 후 3년 내 동일 업무 담당자 채용 시)

무엇이든 물어보세요!

Q 정리해고와 동시에 설비 투자를 하는 것이 가능한가요?

A 정리해고는 긴박한 경영상의 필요성이 없다면 인정되지 않습니다. 따라서 정리해고를 하는 마당에 투자한다는 것은 양립하기 어려운 개념이고, 정리해고의 정당성이 부정될 수 있는 사유에 해당할 수 있습니다. 다만 설비 투자가 잉여 자본의 투입이 아닌 지금의 어려움을 타개하고, 기업의 재건을 위해 꼭 필요한 것이라고 한다면 합리성이 있다고 말할 수도 있습니다. 따라서 경영상 필요성이 있다면 경우에 따라서는 정리해고와 설비 투자를 동시에 하는 것도 가능할 수 있을 것입니다.

8
해고하려면 미리미리 알려라

해고예고 준수의무의 취지

근로자에 대한 해고는 근로자의 생존권이 걸린 문제로서 신중하게 결정되어야 함은 물론이고, 이를 사전에 알려 근로자가 이에 대비하고 새로운 직장을 찾아볼 기회를 부여하는 것이 필요합니다. 해고예고는 그러한 차원에서 부여되는 법률상 의무로서 비록 해고가 결정되었다고 하더라도 30일 동안 구직 활동을 할 수 있는 시간을 부여하거나 30일 동안의 통상임금을 수급하게 함으로써 해고의 충격을 완화시켜 주는 목적을 띠고 있습니다.

해고예고의 방법과 적용 예외

해고예고의 방법

해고예고의 방법은 해고의 통지(해고의 통지는 사유와 시기를 명시해서 반드시 서면으로 해야 함)와는 다르게 구두 또는 문서 모두 가능합니다. 다만 어차

피 해고의 통지를 서면으로 해야 하는바 만약 해고예고를 구두로 하는 경우에는 본 해고의 통지를 서면으로 다시 해야 하는 번거로움이 발생할 수 있습니다. 따라서 해고예고를 서면으로 함으로써 서면통지의무를 동시에 이행하는 것이(해고예고를 서면으로 실시하는 경우 해고의 서면통지의무를 이행한 것으로 간주 가능) 실무적이고 절차적으로도 바람직할 것입니다.

해고예고와 해고의 정당성 여부

사용자가 근로자를 해고하는 경우에는 해고의 실질적 사유가 존재해야 하고, 절차적 정당성을 준수해야 하며, 해고예고는 해고의 정당성 유무와는 관계가 없고 영향을 끼치지 않습니다.

해고사유가 없다고 한다면 설령 해고예고를 했다고 하더라도 해고가 무효가 될 수 있는 것이고, 정당한 절차를 지키지 않았다면 해고예고를 했다고 하더라도 해고가 무효가 될 수 있는 것입니다.

따라서 30일 전에 해고예고를 했거나 해고예고수당을 지급했다고 하더라도 부당해고를 다툴 수 있고, 해고예고를 했다고 하더라도 해고 관련 서면통지가 없는 경우라면 절차위반으로 부당해고 구제신청을 다툴 수 있는 것입니다.

해고예고를 하지 않아도 되는 경우

근로기준법에 따라 "① 근로자가 계속 근로한 기간이 3개월 미만인 경우, ② 천재·사변, 그 밖의 부득이한 사유로 사업을 계속하는 것이 불가능한 경우, ③ 근로자가 고의로 사업에 막대한 지장을 초래하거나 재산상 손해를 끼친 경우[10]"에는 해고의 예고 또는 해고예고수당을 지급하지 않더라도 무방합니다.

실무상 유의사항

근로기준법에서는 근로자에 대한 해고 시 서면통지를 명시하고 있는바 근로자와의 고용관계 종료에서 실무적으로 서면통지의 사유에 관한 혼란이 발생하는 경우가 많습니다. 이때의 서면통지를 해야 하는 경우라고 한다면 근로관계의 종료 사유 중 '사용자의 일방적인 해고'에 해당하는 경우입니다. 즉, 징계해고·통상해고·경영상 이유에 의한 해고인 경우에 해고의 서면통지를 해야 하고, 그 밖에 퇴직(임의퇴직, 합의퇴직, 정년퇴직), 자동종료(계약기간만료, 사업완료, 근로자의 사망, 기업소멸)의 경우에는 '해고'에 해당되지 않으므로 서면통지를 하지 않아도 무방합니다. 해고의 서면통지에는 해고사유와 시기가 구체적으로 명시되어야

---

10) 해고예고의 예외가 되는 근로자의 귀책 사유
  1. 납품업체로부터 금품이나 향응을 제공받고 불량품을 납품받아 생산에 차질을 가져온 경우
  2. 영업용 차량을 임의로 타인에게 대리운전하게 해서 교통사고를 일으킨 경우
  3. 사업의 기밀이나 그 밖의 정보를 경쟁관계에 있는 다른 사업자 등에게 제공해 사업에 지장을 가져온 경우
  4. 허위 사실을 날조해서 유포하거나 불법 집단행동을 주도해서 사업에 막대한 지장을 가져온 경우
  5. 영업용 차량 운송 수입금을 부당하게 착복하는 등 직책을 이용해서 공금을 착복, 장기유용, 횡령 또는 배임한 경우
  6. 제품 또는 원료 등을 몰래 훔치거나 불법 반출한 경우
  7. 인사·경리·회계담당 직원이 근로자의 근무상황 실적을 조작하거나 허위 서류 등을 작성해서 사업에 손해를 끼친 경우
  8. 사업장의 기물을 고의로 파손해 생산에 막대한 지장을 가져온 경우
  9. 그 밖에 사회통념상 고의로 사업에 막대한 지장을 가져오거나 재산상 손해를 끼쳤다고 인정되는 경우

하는바 '단체협약 제○○조 또는 취업규칙 제○○조 위반의 ◇◇행위'와 '해고하는 날'을 구체적으로 서면으로 명시해야 하며, 이때의 서면이란 종이로 된 문서를 의미하므로 이메일이나 핸드폰 메신저 등이 아닌 내용증명, 서면 전달 등으로 해야 합니다.

무엇이든 물어보세요!

Q 회사에서 근무하는 직원 중 월급을 받는 정규직으로서 6개월이 되지 못한 직원이 있습니다. 해당 직원의 업무수행능력이 너무 부족해서 해고하고자 하는데, 해당 직원에게도 해고예고를 해야 하나요?

A '월급근로자로서 6개월이 되지 못한 자'의 해고예고 적용 예외 규정에 대해 헌법재판소에서는 '근무기간이 6개월 미만인 월급근로자의 근로의 권리를 침해하고, 평등원칙에 위배된다'라는 이유로 헌법에 위반된다고 판단했습니다. 따라서 정규직으로서 6개월이 되지 못한 직원에 대해서도 해고예고를 해야 합니다.

9

부당해고 등의 구제신청

부당한 해고 등 징계처분은 구제받을 수 있다

사용자로부터 정당한 이유 없이 해고·휴직·정직·전직·감봉 기타 징벌을 당한 근로자는 관할 지방노동위원회에 부당해고 등의 구제신청을 할 수 있습니다. 또한, 사용자로부터 노동조합의 업무를 위한 정당한 행위를 한 것을 이유로 불이익을 받는 등 부당노동행위로 인해 권리를 침해당한 근로자 또는 노동조합은 관할 지방노동위원회에 부당노동행위 구제신청을 할 수 있습니다.

부당해고 등의 구제신청 절차 및 처리방법

구제신청은 어떻게 할까?

구제신청을 하고자 하는 근로자 또는 노동조합은 소정의 구제신청서[11]에 필요한 입증자료를 첨부해 각 2부를 사업자의 소재지를 관할하는 지방노동위원회에 제출하면 됩니다. 구제신청은 제척기간이 있는바 부당해고 또는 부당노동행위가 있은 날(계속되는 행위는 그 종료일)부터 3개월 이내에 해야 하고 3개월이 지난 경우, 각하되어 인정받을 수 없습니다.

권리구제 대리인 제도란

월평균 임금이 300만 원 미만인 근로자가 부당해고구제 또는 차별시정 등을 신청할 때 원할 경우, 무료로 공인노무사·변호사의 법률적 지원을 받을 수 있는 제도로서, 선임된 공인노무사·변호사는 해당 근로자와 사건의 대응방안 등 협의, 이유서 또는 답변서 작성·제출, 증거자료 수집, 심문회의 참석 및 진술 등 일반 공인노무사·변호사가 수행하는 서비스를 제공합니다. 공인노무사·변호사의 선임을 희망하는 근로자는 '대리인 선임 신청서'를 작성해서 구제신청서 등 접수 시 함께 제출하면 됩니다.

부당해고 구제절차

부당해고를 당한 근로자는 노동위원회에 부당해고 구제신청을 하고, 기각된 경우 행정소송을 제기할 수 있습니다. 또한, 법원에 해고무효확인의 소도 제기할 수도 있습니다. 부당해고 구제절차는 [구제신청 → 조사 → 심문 → 판정 → (재심) → (행정소송) → 확정 → 종료]

---

11) 구제신청서 기재사항
- 신청인(근로자)·피신청인(사용자)의 주소 및 성명
- 부당노동행위(또는 부당해고 등)를 구성하는 구체적인 사실
- 신청취지(청구할 구제의 내용)

의 순서에 따라 진행됩니다.

지방노동위원회에 의한 구제 신청(초심)

근로자는 부당해고를 당한 날부터 3개월 이내에 노동위원회에 구제 신청을 할 수 있습니다. 구제명령서나 기각결정서를 통지받은 날부터 10일 이내 근로자와 사용자가 재심을 신청하지 않으면 그 구제명령, 기각결정은 확정됩니다.

중앙노동위원회에 의한 구제 신청(재심)

지방노동위원회의 구제명령이나 기각결정에 불복하는 사용자나 근로자는 구제명령서나 기각결정서를 통지받은 날부터 10일 이내에 중앙노동위원회에 재심을 신청할 수 있습니다. 재심판정서를 송달받은 날부터 15일 이내에 행정소송을 제기하지 않으면 그 구제명령, 기각결정 또는 재심판정은 확정됩니다.

법원에 의한 부당해고 구제(행정소송)

중앙노동위원회의 재심판정에 대해 사용자나 근로자는 재심판정서를 송달받은 날부터 15일 이내에 행정소송을 제기할 수 있습니다. 중앙노동위원회 위원장을 피고로 해서 노동위원회에서 쟁점이 된 사항을 중심으로 다시 한번 판단받을 수 있습니다.

해고무효확인의 소(민사소송)

부당해고를 당한 근로자는 법원에 해고무효확인의 소를 제기할 수 있습니다. 해고무효확인의 소는 사용자가 일방적으로 한 해고가 무효임을 확인해달라는 소로서, 부당해고 구제신청과 민사상 해고무효확인의 소는 별개의 제도이므로 근로자는 둘 다 제기할 수 있습니다.

무엇이든 물어보세요!

Q 고용노동청과 노동위원회의 차이는 뭔가요?

A 고용노동청은 노동관계법 위반에 대한 조사, 사업주 처벌, 사업장 점검 등 근로감독 관련 업무를 수행하고, 노동위원회는 노동관계분쟁에 대한 판정, 결정, 조정 등의 업무를 수행합니다. 따라서 임금체불, 연장근로위반 등 근로기준법 위반의 문제는 처벌과 관련된 사항이므로 고용노동청에 신고해야 할 사항이고, 부당징계, 부당해고 등의 문제는 처벌의 문제가 아니고 판정에 관한 사항인바 노동위원회에 구제신청을 제기해서 판단을 받을 사항입니다.

VII

비정규직근로자의 활용 시 법률 기준을 준수하자

1

비정규근로자
(기간제, 단시간, 파견근로자)

비정규근로자의 개념

일반적으로 정규직이 아닌 근로자를 통칭해서 '비정규직근로자'로 부르며, 적용되는 법률에 따른 구분으로는 근로계약기간을 정해 사용하는 기간제근로자, 전일제가 아닌 일부 시간만 근무하는 단시간근로자, 직접고용이 아닌 간접고용으로 고용의 주체와 사용의 주체가 분리되는 파견근로자로 구분할 수 있습니다. 그 밖에 비정규근로자의 유형으로 도급근로자, 특수형태근로종사자, 플랫폼 노동자 등 다양한 유형이 존재하지만, 이러한 형태의 근로자는 비정규직법의 적용을 받지 않는바 이 장에서 정의하는 비정규근로자의 범위에서는 제외합니다.

비정규근로자의 정의

기간제근로자란 누구인가

기간제근로자란 임시직, 위촉직, 촉탁직, 계약직 등 명칭에 상관없이 기간의 정함이 있는 계약, 즉 기간제근로계약을 체결한 근로자를 말합니다. 기간제근로자의 근로기간은 2년을 초과하지 않는 범위 내에서 설정할 수 있고, 만약 2년을 초과해서 계속 사용한 경우에는 기간의 정함이 없는 근로자로 간주되어 정년까지 고용해야 하는 것이 원칙입니다.

단시간근로자란 누구인가

1주일의 소정근로시간이 그 사업장에서 같은 종류의 업무에 종사하는 통상근로자의 1주일 동안의 소정근로시간에 비해 짧은 근로자를 말합니다. 소정근로시간은 법정근로시간의 범위 내에서 근로자와 사업주간에 정한 근로시간을 말하며, 정규근로자의 소정근로시간은 1일 8시간, 주 40시간을 기준으로 설정됩니다.

파견근로자란 누구인가?

① **파견근로자의 정의**

파견근로자란 고용과 사용이 분리되는 간접고용의 형태로서 파견사업주가 근로자를 고용한 후 그 고용관계를 유지하면서 근로자파견계약의 내용에 따라 사용사업주의 지휘·명령을 받아 사용사업주를 위한 근로에 종사하게 하는 것을 의미합니다.

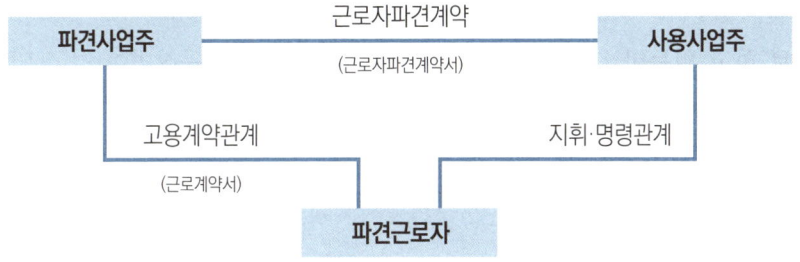

② **도급(용역)과의 구별**

도급은 근로자파견과는 달리 수급인(용역회사)이 직접 고용한 근로자를 수급인이 직접 지휘·명령해서 특정한 업무를 수행하는 것으로 근로자의 지휘·명령권은 고용주인 수급인(용역회사)에 있고, 도급인(발주회사)은 수급인의 근로자를 지휘·명령할 수 없습니다.

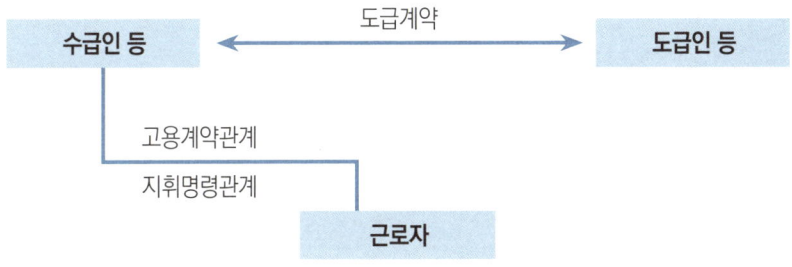

무엇이든 물어보세요!

Q 비정규직근로자에게 적용되는 법률은 어떤 것이 있나요?

A 비정규직근로자는 법률상 용어가 아니며 정규직이 아닌 근로자를 통칭해서 '비정규직근로자'로 부릅니다.

비정규직 보호법에서는 기간제, 단시간, 파견근로자를 적용 대상으로 하고 있는바 그 이 외의 유형에게 적용되는 비정규직법이 없고 민법 등에 따라 규율됩니다.

비정규근로자 구분	관련 법률
기간제근로자	기간제및단시간근로자보호등에관한법률
단시간근로자	
파견근로자	파견근로자보호등에관한법률

2

기간제근로자의
사용기간 제한

2년의 범위 내에서 사용 가능

기간제근로자의 사용기간(반복갱신 등의 경우에는 계속근로한 총사용기간)은 2년으로 제한함을 원칙으로 합니다. 만약 사용자가 2년을 초과해서 기간제근로자를 사용할 경우에는 기간의 정함이 없는 무기계약근로자로 간주되고 정년까지 고용을 보장해야 합니다. 따라서 2년을 초과해서 기간제근로자를 고용하는 경우 설령 계약기간이 명시되어 있다고 하더라도 체결한 근로계약기간의 만료를 이유로 고용을 종료하는 것은 '해고'에 해당되므로 근로기준법 제23조의 '정당한 이유'가 존재해야 합니다.

사용기간 제한의 예외

기간제근로자는 2년을 초과해서 사용할 수 없지만 사업의 목적, 업무의 특성, 프로젝트의 한시성, 건설공사의 단발성 등의 합리적 사유가 있는 경우에는 2년을 초과해서 기간제근로자를 사용할 수 있도록 예외를 두고 있고, 그러한 경우에는 계약만료 시에도 유효함을 인정받을 수 있습니다.

2년을 초과해서 사용할 수 있는 예외 사유

1. 사업의 완료 또는 특정한 업무의 완성에 필요한 기간을 정한 경우 : 건설공사, 프로젝트의 완수, 프로그램 개발 등 일정 기간 후 종료될 것이 명백한 사업 또는 업무에 대해 그 종료 시점까지로 계약기간을 정한 경우
2. 휴직·파견 등으로 결원이 발생해 해당 근로자가 복귀할 때까지 그 업무를 대신할 필요가 있는 경우 : 출산, 질병, 개인사유, 병역 등의 이유로 인한 휴직, 장기파견자의 결원에 대한 근로자 대체
3. 근로자가 학업, 직업훈련 등을 이수함에 따라 그 이수에 필요한 기간을 정한 경우 : 학위과정을 이수하기 위하는 등 학업·직업훈련과 직장의 양립을 도모하려는 경우
4. '고령자고용촉진법' 제2조 제1호의 고령자와 근로계약을 체결하는 경우 : 기간제 근로계약을 최초로 체결할 당시 근로자가 만 55세 이상인 경우, 또는 기간제 근로계약을 갱신할 당시 근로자가 만 55세 이상이고 기존근로기간이 2년 이하인 경우
5. 전문적 지식·기술의 활용이 필요한 경우와 정부의 복지정책·실업대책 등에 따라 일자리를 제공하는 경우로서 대통령령으로 정하는 경우 : 박사학위소지자, 기술사 등급의 자격증, 변호사·회계사·노무사 등 전문자격자 소지자, 정부의 복지정책·실업대책 등에 따라 일자리를 제공하는 경우
6. 그 밖에 제1호부터 제5호까지에 준하는 합리적인 사유가 있는 경우로서 대통령령으로 정하는 경우 : 사립학교법, 병역법 등 특별법률의 적용, 체육단체 등에서 체육을 지도하는 업무의 경우 등

무엇이든 물어보세요!

Q 외국인 근로자도 2년을 초과해서 사용하는 경우 무기계약직으로 간주되나요?

A 외국인이 우리나라에서 취업하고자 할 때는 '출입국관리법' 제18조의 규정에 의거 취업할 수 있는 체류자격을 부여받아야 하며, 체류자격별 체류기간의 상한도 같은 법 제10조 제2항 및 같은 법 시행규칙 제18조의2(별표 1)에 따라 정해집니다. 취업활동을 목적으로 체류자격을 부여받은 외국인 근로자는 출입국관리법에 따른 체류기간의 적용을 받게 되는바 기간제법에 의한 사용기간제한의 예외로 인정된다고 할 것이므로, 귀사에서 취업활동을 목적으로 체류자격을 부여받은 외국인을 기간제근로자로 채용했다면 2년을 초과해서 사용한다고 하더라도 무기계약근로자로 전환되지 않습니다.

3
단시간근로자의 연장근로

단시간근로자의 개념

단시간근로자는 '1주간의 소정근로시간이 해당 근로자가 속한 사업장 내에서 같은 업무에 종사하는 통상근로자에 비해 짧은 근로자'를 의미하는바 소정근로시간이 통상근로자에 비해 1시간 짧더라도 단시간근로자에 해당합니다(1일 8시간 근로하는 사업장에서 1일 7시간을 근무해서 1시간이 짧더라도 단시간근로자에 해당).

단시간근로자의 근로기준법 적용

단시간근로자의 근로조건은 해당 사업장의 같은 업무에 종사하는 통상근로자의 근로시간을 기준으로 해서 산정한 비율에 따라 결정됩니다.

이를 연차유급휴가로 설명하면 단시간근로자의 연차유급휴가 부여 기준은 통상근로자의 연차유급휴가일수에 단시간근로자의 소정근로시간을 반영해서 계산할 수 있습니다.

$$\text{통상 근로자의 연차유급휴가일수} \times \frac{\text{단시간근로자의 소정근로시간}}{\text{통상 근로자의 소정근로시간}} \times 8\text{시간}$$

단시간근로자의 임금 또한 동일한 취지로 계산되며 시간급을 일급으로 산정할 경우에는 1일 소정근로시간 수에 시간급 임금을 곱하면 됩니다. 예컨대, 시간급을 10,000원으로 정한 경우 1일 소정근로시간이 6시간이라면 '일급 : 10,000원×6시간 = 60,000원'을 지급하고, 월 계산 시 주 5일 근무라면 '월급 : 10,000원×6시간×6일(주휴 포함)× 4.345주 = 1,564,200원'을 지급하면 됩니다.

단시간근로자의 연장근로 허용 범위

단시간근로자의 연장근로 한도는 사전에 약정한 소정근로시간에서 12시간을 한도로 가능합니다. 예컨대 주 30시간을 근로하기로 약정한 단시간근로자는 42시간까지가 연장근로 한도입니다. 일반 근로자의 경우, 소정근로시간 40시간(소정근로시간 주 30시간 + 연장근로한도 주 12시간)에 연장근로한도 12시간을 합해 52시간까지 연장근로가 가능하나, 단시간근로자의 경우 52시간을 근무할 경우, 법 위반에 해당할 수 있는 것입니다.

연장근로가 주 40시간 범위 내라고 하더라도 소정근로시간을 초과하는 연장근로에 대해서는 연장근로 50% 가산수당을 지급해야 합니다. 예컨대, 하루 7시간씩 주 5일 총 35시간을 근로하는 단시간근로자가 연장근로가 발생해서 총 45시간을 근로하게 된 경우 법률 개정 이전에는 40시간 이내인 5시간에 대해서는 연장 근로 50% 가산수당을 지급하지 않아도 되었으나, 현재 법률하에서는 35시간을 초과한 10시간 모두에 대해 50% 가산수당을 지급해야 합니다.

초단시간근로자의 적용 예외

4주간(4주간 미만으로 근로하는 경우에는 그 주간)을 평균해서 1주간의 소정근로시간이 15시간 미만인 근로자는 소정근로시간이 현저히 짧은 단시간근로자로서 초단시간근로자로 간주합니다. 초단시간근로자에게는 '퇴직금, 주휴일, 연차유급휴가'의 적용이 배제되는바 경영상 예산의 확충이 어렵거나 인건비 부담이 상당한 업종의 경우 초단시간근로자의 활용을 통해 1주간에 15시간 미만으로 소정근로시간을 설정해서 운영하는 것도 필요할 것입니다.

무엇이든 물어보세요!

Q 단시간근로자만을 대상으로 하는 취업규칙 제정이 가능한가요?
A 단시간근로자를 사용하는 사업주는 단시간근로자에게 적용되는 취업규칙을 별도로 작성할 수 있습니다. 단시간근로자에게 적용되

는 취업규칙을 별도로 만들거나 변경하고자 할 때는 적용 대상인 단시간근로자 과반수의 의견을 들어야 하며 불이익하게 변경하고자 할 때는 그 동의를 얻어야 합니다. 만약 별도의 취업규칙이 없을 경우에는 그 성질이 허용하는 한 통상근로자에게 적용되는 취업규칙을 적용하면 됩니다(이때에도 단시간근로자에 대해 적용을 배제한다는 명시적 규정을 두거나 달리 적용한다는 규정을 둘 수 있음).

4 기간제근로자의 갱신기대권

근로계약 갱신에 대한 기대권

근로계약기간의 정함이 있는 근로자와의 근로계약은 근로계약기간이 종료되면 당사자 간의 특별한 사정이 없는 한 '해고의 예고', '해고의 사유의 서면통보' 등 근로기준법상 별도의 조치 없이 당연히 근로관계가 종료되는 것이 원칙입니다. 그러나 기간을 정해서 사용했더라도 일정한 요건이 충족되면 당해 근로계약이 갱신된다는 취지의 규정을 두고 있거나, 일정한 요건이 충족되면 근로계약이 갱신될 수 있으리라는 기대권이 인정되는 경우에는 근로계약의 갱신거절은 부당해고에 해당한다는 것이 판례 법리에 의한 갱신기대권입니다. 즉, 기간제근로자를 2년 이내의 범위에서 사용했다고 하더라도 갱신기대권이 형성된 경우에는 부당해고의 문제가 발생할 수 있어 주의가 필요합니다.

갱신기대권 성립요건

근로계약서 등에 갱신가능성을 명시한 경우

근로계약, 취업규칙 등에서 일정한 요건이 충족되면 해당 근로계약이 갱신된다는 취지의 규정을 두고 있다면 그 자체로 갱신기대권이 인정될 수 있습니다. 근로계약서 등에 재계약이 가능한 요건이나 절차 등과 함께 그 가능성을 언급하고 있다면 근로자는 별다른 문제가 없는 한 계약이 연장될 것으로 믿게 될 것이고, 이는 갱신기대권으로 연결될 수 있는 것입니다.

근로계약서 등에 갱신가능성을 명시하지 않은 경우

① 평가 등의 존재

근무 실적을 평가해서 일정 수준 이상이면 재계약하도록 규정한 경우, 갱신기대권이 인정될 수 있으나 실제 평가의 실시 여부와 연계되어야 할 것입니다. 약정과 다르게 평가 등의 실시 없이 계약 종료하는 경우 부당해고 문제가 발생할 수 있으니 객관적이고 공정한 평가하에 실시하는 것이 중요합니다.

② 상시·계속적인 업무

업무의 성격이 상시적·계속적인 경우 지속적인 고용에 대한 기대가 가능해 그 자체만으로 갱신기대권의 형성 사유가 될 수 있습니다. 따라서 갱신가능성을 명기하는 것에 대한 신중함과 평가를 통해 공정하게 갱신거절하는 것이 더욱 요구될 수 있습니다.

③ 관행의 존재

사업장 내 동종 또는 유사한 업무를 수행하는 기간제근로자의 계약갱신에 관한 관행이 성립된 경우, 갱신기대권이 인정될 수 있습니다. 관행의 정도를 가늠하기 쉽지는 않을 것이나 대부분의 계약직 근로자들과는 재계약함에도 별다른 이유 없이 특정근로자만 계약종료하는 것은 갱신기대권의 문제로 귀결될 수 있습니다.

갱신거절의 합리적 이유

갱신기대권이 인정될 경우, 갱신거절의 정당성을 위해서는 사회통념상 상당하다고 인정되는 '합리적인 사유'가 있어야 합니다. 이때 합리적 사유는 일반해고보다는 다소 완화된 기준으로 넓게 인정될 수 있는바, 수습근로자의 본 채용 여부 판단과 유사한 수준의 정당성을 확보하면 될 것입니다.

갱신거절의 합리적 이유로서 가장 바람직한 방법은 근무 평정을 통해 근로자의 직무 수행 능력 부족을 증명하는 것입니다. 이때 객관적이고 공정한 평가가 이루어졌는지가 중요하므로 평가제도의 설계와 운영에 세심한 주의를 기울일 필요가 있습니다. 사업장의 경영상, 인력 운영상의 유연성이나 조정 필요성은 근로자의 잘못과는 무관하게 사용자 입장에서 발생하는 일방적인 요소일 뿐이므로 갱신거절의 합리적 이유로 작용하기 어렵습니다. 부당해고의 다툼 발생 시 합리적 이유에 대한 입증책임은 사용자가 부담하게 됨을 유념해야 합니다.

무엇이든 물어보세요!

Q 기간제근로자가 만 55세 이상 고령자로서 취업규칙상 정년(60세)을 초과한 자도 갱신기대권이 형성될 수 있나요?

A 네, 갱신기대권이 형성될 수 있습니다. 만 55세 이상 고령자도 갱신기대권이 형성될 수 있으며 설령 정년이 지났다고 하더라도 갱신기대권에 의한 계속 고용의무가 부과될 수 있으므로 신중한 접근이 필요합니다.

5

파견근로자의 사용 제한

간접근로자로서 파견근로자

근로자파견은 '파견사업주가 근로자를 고용한 후 그 고용관계를 유지하면서 근로자파견계약의 내용에 따라 사용사업주의 지휘·명령을 받아 사용사업주를 위한 근로에 종사하게 하는 것'을 의미합니다.

근로자파견은 파견법의 적용을 받아 파견이 가능한 업무가 제한되고, 파견기간도 일정 기간을 넘지 못하도록 제한하고 있는 등 법적 구속하에 간접인력을 사용해야 하는바 상대적으로 용이하고 법적 제약이 없는 도급, 용역 계약 등으로 위장해서 파견근로자를 사용하는 경우가 문제되고 있습니다.

근로자파견과 도급의 구별에 있어서의 핵심은 '지휘 명령권'을 누가 행사하는가에 있으며[12] 만약 도급인이 수급인의 근로자에 대해 업무상의 지휘·명령권을 행사한다면 이는 사실상 파견계약에 해당합니다. 따라서 '지휘 명령권'의 행사 주체가 모호하거나 도급인이 행사하는

---

12) 이 장의 '1. 비정규근로자(기간제, 단시간, 파견근로자)' 참조.

구조라고 한다면 위장도급에 따른 법률적 책임을 면하기 위해서는 파견계약을 체결해야 하고, 파견법에 따른 제한을 준수하며 계약할 필요가 있습니다.

근로자파견 대상 업무

근로자파견 대상 업무는 기본적으로 제조업의 직접생산공정업무는 불가능합니다. 직접생산공정업무에 해당하는 업무의 범위가 어디까지인지에 대해서는 파견법에 구체적으로 명시되어 있지 않아 제조업의 경우 생산제품, 생산방법, 생산과정 등이 상이하고 다양해서 직접생산공정업무의 범위를 일률적으로 정하는 것이 쉽지 않다는 것이 고용노동부 입장입니다. 다만, 노동부 행정해석에서는 제품의 직접적인 생산 외에 포장 등의 업무도 포함되는 것으로 보고 있으므로 생산라인에 직접 참여하는 근로자는 물론이고 전·후 공정, 제반 부대 업무 수행 인력 또한 직접생산공정업무로서 파견이 불가능하다고 판단하는 것이 타당할 것입니다.

다만, 예외적으로 직접생산공정에서 일시직으로 근로자파견이 가능한 경우가 있는데, '출산·질병·부상 등으로 결원이 생긴 경우', '일시적·간헐적으로 인력을 확보해야 할 필요가 있는 경우'가 예외적으로 허용되는 사유입니다. 허용 기간은 출산·질병·부상으로 인해 결원을 보충해야 하는 경우는 그 결원 발생 시기 동안 파견이 가능하고, 일시적·간헐적으로 인력을 확보할 필요가 있는 경우(통상적으로 경기의 영향, 계절적 요인, 갑작스러운 주문 증가 등)는 3개월을 원칙으로 하되 1회 연장 가능해서 총 6개월의 범위 내에서 사용할 수 있습니다.

※ 기타 파견이 가능한 대상 업무는 다음과 같습니다.

근로자파견 대상 업무

① 컴퓨터 관련 전문가의 업무
② 행정, 경영 및 재정 전문가의 업무(행정 전문가의 업무 제외)
③ 특허 전문가의 업무
④ 기록 보관원, 사서 및 관련 전문가의 업무(사서의 업무 제외)
⑤ 번역가 및 통역가의 업무
⑥ 창작 및 공연예술가의 업무
⑦ 영화, 연극 및 방송 관련 전문가의 업무
⑧ 컴퓨터 관련 준전문가의 업무
⑨ 기타 전기공학 기술공의 업무
⑩ 통신 기술공의 업무
⑪ 제도 기술 종사자, 캐드 포함의 업무
⑫ 광학 및 전자장비 기술 종사자의 업무(보조업무에 한하며, 임상병리사, 방사선사, 기타 의료장비 기사의 업무 제외)
⑬ 정규교육 이외 교육 준전문가의 업무
⑭ 기타 교육 준전문가의 업무
⑮ 예술, 연예 및 경기 준전문가의 업무
⑯ 관리 준전문가의 업무
⑰ 사무 지원 종사자의 업무
⑱ 도서, 우편 및 관련 사무 종사자의 업무
⑲ 수금 및 관련 사무 종사자의 업무
⑳ 전화교환 및 번호안내 사무 종사자의 업무(전화교환 및 번호안내 사무 종사자의 업무가 당해 사업의 핵심 업무인 경우는 제외)
㉑ 고객 관련 사무 종사자의 업무

㉒ 개인보호 및 관련 종사자의 업무
㉓ 음식 조리 종사자의 업무('관광진흥법' 제3조에 따른 관광 숙박업의 조리사 업무 제외)
㉔ 여행안내 종사자의 업무
㉕ 주유원의 업무
㉖ 기타 소매업체 판매원의 업무
㉗ 전화통신 판매 종사자의 업무
㉘ 자동차 운전 종사자의 업무
㉙ 건물 청소 종사자의 업무
㉚ 수위 및 경비원의 업무('경비업법' 제2조 제1호에 따른 경비업무 제외)
㉛ 주차장 관리원의 업무
㉜ 배달, 운반 및 검침 관련 종사자의 업무

근로자파견기간

파견법에서는 파견기간을 1년으로 제한하되 파견사업주·사용사업주·파견근로자 간의 합의가 있는 경우 1년을 연장할 수 있도록 해서 총 2년의 기간 내에서 파견근로자를 사용할 수 있습니다. 다만 만 55세 이상 고령자의 경우, 1년 계약을 기준으로 하되 총고용기간은 2년을 초과해서 파견계약을 체결할 수 있습니다.

근로자파견의 기간 제한을 두고 있는 이유는 근로자파견의 목적이 기업의 일시적 인력수요와 상시고용이 어려운 전문 인력 등에 대한 수요에 대처하기 위한 것이므로 정규직 근로자를 파견근로자로 대체해서 장기간 파견근로자를 사용하는 것을 방지하기 위한 것이라고 볼 수 있습니다.

무엇이든 물어보세요!

Q 파견근로자의 소속을 변경해서 파견업체를 바꾼다면 파견기간이 다시 기산되어 2년을 넘게 사용할 수 있나요?

A 파견기간은 사용사업주가 파견근로자를 최초로 사용한 시점을 기준으로 산정되며, 사용사업주가 파견근로자를 사용한 이후에 파견근로자의 소속이 변경되었다고 하더라도 그와 같은 사실은 파견기간 산정에 아무런 영향을 미치지 못합니다. 따라서 비록 파견근로자의 소속 파견업체가 변경되었다고 하더라도 합산해서 계산되어야 합니다.

6

비정규직 근로자에 대한 차별 처우 금지

차별적 처우의 금지 개념

비정규직 보호법[13]에서 금지하는 차별적 처우는 비정규직 근로자(기간제, 단시간 및 파견근로자)임을 이유로 당해 사업 또는 사업장에서 동종 또는 유사한 업무에 종사하는 무기계약 근로자(비교 대상 근로자)에 비해 임금 그 밖의 근로조건 등에서 합리적 이유 없이 불리하게 처우하는 것을 말합니다. 차별적 처우 위반 여부는 '동종 또는 유사한 업무에 종사하는 무기계약 근로자'가 있는지, '차별이 있더라도 합리적 이유가 있는지'를 바탕으로 판단하게 됩니다.

- **첫째, 비교 대상 근로자 유무** - 같은 사업장의 동종 또는 유사 업무에 종사하는 무기계약 근로자와 비교해서 차별을 금지하고 있습니다. 따라서 동종 또는 유사 업무에 종사하는 무기계약직 근로자가 없다면, 임금 그 밖의 근로조건에 차이가 있어도 법에서 정하

---

13) 기간제및단시간근로자보호등에관한법률 및 파견근로자보호등에관한법률

는 차별적 처우의 금지 위반에 해당하지 않습니다.

근로자들이 수행하는 업무가 동종 또는 유사한 업무에 해당하는지의 여부는 주된 업무의 성질과 내용·업무수행과정에서의 권한과 책임의 정도·작업조건 등을 종합적으로 고려해서 판단하는 것으로 정리할 수 있으며, 정규직 근로자와 기간제 및 단시간근로자, 파견근로자가 수행하는 업무가 서로 완전히 일치하지는 않더라도, 만약 그 핵심요소(주된 업무내용, 작업조건 등)에 있어서 양 근로자 사이에 본질적 차이가 없다면 양자는 동종 또는 유사한 업무에 종사한다고 볼 수 있습니다.

- **둘째, 합리적 이유가 있는지의 여부** - 동종 또는 유사한 업무에 종사하는 무기계약 근로자가 있다면 다음으로 비정규직 근로자에게 불리한 처우를 한 합리적 이유가 있는지의 여부의 판단이 필요합니다. 사용자는 비정규직에게 불리한 처우를 하더라도 합리적 이유가 있으면 당해 불리한 처우는 정당화되고 차별적 처우에 해당하지 아니하는 것입니다. 이때 합리적 이유가 무엇을 의미하는지 구체적인 규정은 없으나 무조건적인 차별을 금지하는 것은 아니고 차별함에 있어서 업무 범위, 권한, 생산성 등의 합리적 이유가 존재하는지를 판단기준으로 삼게 됩니다.

차별적 처우가 아닌 합리적인 차별이라고 볼 수 있는 경우

1) 업무 범위가 다른 경우
업무의 범위는 근로의 양·질과 직결되고 임금결정의 중요한 요소가 되므로 업무 범위의 차이를 엄격하게 고려해 비교 대상 근로자를 선정함.
업무 범위의 차이로 인한 임금 및 근로조건 등에서 불리한 처우는 합리적임.

2) 업무권한·책임이 다른 경우

권한과 책임이 있는 사용사업주 소속 근로자에게 지급하는 수당을 권한과 책임이 없는 파견근로자에게는 지급하지 않는 경우 합리적인 이유로 인정될 수 있을 것임.

3) 노동생산성이 낮은 경우

비교 대상 근로자에 비해 노동생산성이 낮음을 이유로 임금 그 밖의 근로조건 등에서 차등을 두었다면 합리적인 이유로 인정될 수 있을 것임.

4) 임금 및 근로조건의 결정요소에 따른 불리한 처우

임금을 결정함에 있어 근로 제공에 관련된 요소들(직무, 능력, 기능, 기술, 자격, 경력, 학력, 근속년수, 책임, 업적, 실적 등)의 차이로 인해 불리한 임금을 받는 경우 합리적 이유가 있다고 볼 수 있을 것임.

차별적 처우의 금지 영역

차별적 처우가 금지되는 영역은 임금, 정기상여금·명절상여금 등 정기적으로 지급되는 상여금, 경영성과에 따른 성과금, 그 밖에 근로조건 및 복리후생 등에 관한 사항으로 상당히 포괄적이고 광범위합니다.

비정규직에게 지급되는 고정적인 월급을 비롯해 비정기적으로 지급되는 수당이나 은혜적인 성격의 금품 또한 차별적 처우의 영역에 포함될 수 있음을 주의해야 합니다. 법원에서도 근로시간, 휴일, 휴가, 교육훈련, 승진, 배치전환, 재해보상, 경조사휴가, 복지포인트, 휴양시설 등 기업 내부의 대부분의 근로조건 및 복리후생제도가 포함된다고 인정하는 경우가 많으므로 비정규직의 급여 설계 및 집행에 있어 신중을 기해야 할 것입니다.

무엇이든 물어보세요!

Q 차별처우 여부에 대한 판단은 어떻게 이루어지나요?
A 차별시정제도를 통해 이루어지며 그 구조는 다음과 같습니다.

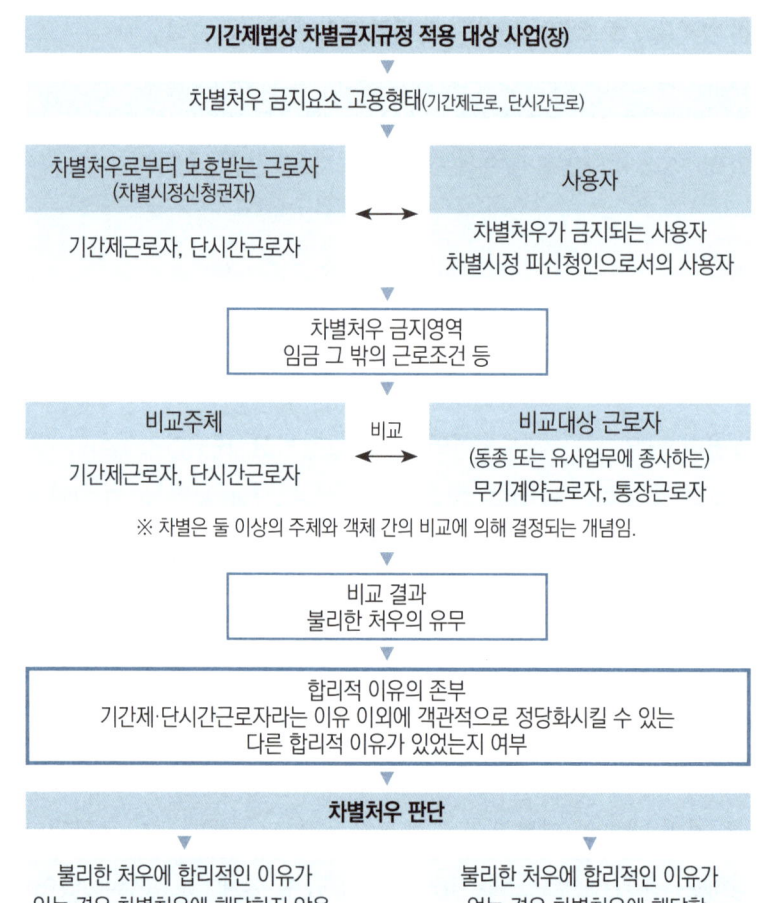

VIII

인사, 노무, 경영, 재해 등 다양하게 알아보자

1

영업양도
- 사업이 양도되면 근로자는?

영업양도란

영업양도란 일정한 영업목적에 의해 조직화된 업체, 즉 인적, 물적 조직을 그 동일성을 유지하면서 일체로서 이전하는 것으로 사업상 고용된 직원들의 이전과 사업상 제조설비, 공장설비 등이 동일한 채로 이전하는 것을 의미합니다. 영업이 양도되면 양도인과 근로자 간의 근로관계는 양수인에게 포괄적으로 승계되므로 일부 근로자에 대한 승계거부는 부당해고에 해당합니다.

영업양도의 기준과 근로관계

영업양도에 해당하는지 여부에 대한 판단이 중요한 이유는 기존 양도인 소속 근로자들을 새로운 양수인이 모두 고용해야 할 의무가 있는지의 여부에 있습니다. 양수인은 분위기 쇄신, 생산성 향상 측면에서 기존의 인력 중 일부만 선별해서 채용하거나 기존 인력 모두를 물

같이하고 싶어 할 수 있을 것입니다.

만약 단순한 '채권매매, 자산매매'에 해당하는 경우 기존 인력의 채용의무가 없어 가능하지만, 영업양도에 해당하는 경우에는 기존 인력에 대한 승계의무가 존재해 인력 승계를 거부하거나 선별적 승계가 불가능해 이러한 경우, 부당해고의 문제가 발생할 수 있는 것입니다.

영업양도의 판단요소

판례에서 제시하고 있는 기준

1	영업양도 당사자 사이에 영업양도에 대한 명시적 또는 묵시적 계약이 있었는지 여부
2	해당 업체를 인수한 목적(양도업체와 사업목적의 동일성 여부) - 생산품목의 동일성 여부 등
3	생산시설, 판매시설 및 기타 자산의 승계 여부 및 승계 정도 - 토지, 건물, 구축물, 기계장치, 공기구 등 생산·판매시설과 관련된 부동산, 동산의 승계 정도 - 특허권, 실용신안권, 의장권 등 산업재산권, 등록에 관련된 권리, 인허가, 기타 영업권 등 무형의 재산적 가치에 대한 승계 정도
4	영업 관련 거래처(또는 공급처)와 계속거래 여부
5	기타 자산매매 또는 양도계약 체결 경위, 채권·채무의 승계 여부, 종전상호의 계속사용 여부

영업양도 시 근로관계

판례에서 제시하고 있는 기준

영업양도에 따라 승계되는 근로관계의 범위	영업양도 계약체결일 현재, 실제로 근무하고 있는 근로자들의 근로관계 - 영업양도계약 체결일 이전에 근무하다가 해고된 근로자로서 해고의 효력을 다투는 근로자의 근로관계는 승계되지 않음.
영업양도 당사자 사이에 근로관계의 일부를 승계대상에서 제외하기로 한 특약의 효력	근로관계의 승계를 일부 제외하는 특약을 체결한다고 하더라도 실질적으로 해고에 다름이 없는바 근로기준법 제23조에 따른 정당한 사유가 존재해야 함.
영업양도 시 근로자가 양수기업으로의 고용승계를 반대할 수 있는지 여부	근로자가 반대의사를 표시함으로써 양수기업에 승계되는 대신 양도기업에 잔류할 수 있음. 다만 잉여인력에 따른 정리해고의 문제제기 가능성이 있음.

실무상 유의사항

영업양도는 자산양도, 주식양도, 합병, 분할 등과 함께 기업의 구조조정과 M&A의 주요한 수단으로 널리 사용됩니다. 영업양도 시 근로관계의 당사자가 변경되는바 고용관계나 단체협약의 승계 등 복잡한 노동문제가 발생할 수 있습니다. 영업양도에 해당한다면 근로자와의 근로관계는 승계됨이 원칙이고, 기존의 근로계약, 취업규칙 등에 따른 근로조건이 그대로 적용될 수 있으며, 노동조합 및 단체협약 또한 승계를 원칙으로 해야 할 것입니다. 결국 영업양도에 해당하는지의 여부에 따라 보장되는 법률이익이 달라질 수 있는바 자산양도, 주식양도 등과의 구별이 필요합니다.

영업양도, 자산양도 및 주식양도의 비교

쟁점	영업양도	자산양도	주식양도
양수도 대상	대상회사 영업의 전부 또는 일부(특정 자산과 부채 제외 가능)	대상회사의 유·무형 자산의 전부 또는 일부(특정 부채도 포함 가능)	대상회사의 주식(구주, 신주 또는 구주와 신주)
고용관계의 승계	대상회사의 모든 근로자와 고용관계가 양수인에 포괄승계됨. 각 근로자는 이의 제기하고 대상회사에 남을 권리 보유	통상 근로자와 고용관계가 승계되지 않으며, 각 근로자는 양수인과의 개별 계약에 의해 신규 고용관계 개시	기존 고용관계에 영향을 미치지 않음. 정리해고와 관련된 문제가 있는 경우 양수인이 부담
대상사업의 일부인수	가능	가능	불가능

무엇이든 물어보세요!

Q 우리 회사는 타 사업장을 양수하기로 결정함에 따라 양도인의 근로자들을 포괄적으로 승계할 예정입니다. 퇴직 및 재입사 절차를 거쳐 승계하고자 하는데, 계속근로단절로 보아 퇴직금 등의 계속근로연수를 새롭게 기산해도 되나요?

A 근로자의 자유로운 의사에 따라 양도기업을 사직하고 양수기업에 신규 입사했다면 근로관계단절로 볼 수 있고 퇴직금 등의 정산과 신규 기산이 가능합니다. 그러나 회사의 경영방침에 따른 일방적인 결정에 의한 퇴직 및 재입사라면 근로관계단절로 볼 수 없어 퇴직금 등의 계산에 있어 기존 고용기간 또한 포함해서 계산되어야 할 수 있습니다.

2

기업 분할과
근로자의 동의

기업 분할의 의미

  분할은 새로운 설립자인 사용자가 근로자에 대해 기존 사업주가 가지고 있던 지위를 그대로 승계하는 것으로 근로자의 근로조건은 변동이 없게 됨이 원칙입니다. 따라서 신규 분할 설립자인 사용자는 기존 사업자와 근로자 사이에 형성된 종전의 근로계약, 취업규칙, 단체협약을 통해 정해진 근로조건에 따라 임금을 지급하고 근로시간을 정하는 등 사용자로서의 의무를 부담하고, 근로자도 종전과 동일한 내용의 근로관계상의 의무를 부담하게 됩니다.

근로자 동의와 무관하게 승계 원칙

근로관계 승계에 근로자 개인의 동의가 요구되는지
  최근 대법원 판결에서는 "회사 분할이 근로기준법상 해고의 제한을 회피하기 위한 것이라는 등의 특별한 사정이 없는 한 회사 분할에 따른 근로계약의 승계에 대해 근로자가 이의를 제기했는지 여부와 상관없이 근로관계는 신설회사에 승계된다"라고 판단했습니다. 따라서 근로자를 해고하기 위한 꼼수로서 분할을 활용하는 등의 악의적인 경우가 아니라고 한다면 근로계약의 승계에 대한 거부 또는 이의를 제기했는지의 여부에 구속됨이 없이 분할 신설되는 회사에 근로계약이 승계된다고 할 수 있을 것입니다.

다만 이러한 원칙적인 승계라는 법률효과가 발생하기 위해서는 분할 계획서에 '근로관계를 승계한다'라고 명확하게 명시하고, 분할계획서에 대한 주주총회의 승인을 얻기 전에 미리 노동조합과 근로자들에게 회사 분할의 배경, 목적 및 시기, 승계되는 근로관계의 범위와 내용, 신설회사의 개요 및 업무 내용 등을 설명하고 이해와 협력을 구하는 절차를 거쳐야 합니다. 분할 계획서에 대한 주주총회는 이러한 절차 이후에 거쳐야 할 것입니다. 이런 절차를 거친 경우라면 승계되는 사업에 관한 근로관계는 해당 근로자의 동의를 받지 못한 경우라도 신설회사에 승계되는 것이 원칙일 것입니다.

취업규칙 및 사내규정 등을 동일한 내용으로 그대로 분할 법인이 사용 가능한지 여부

합병 또는 사업의 전체 양도 등의 기업변동 시 근로조건과 밀접한 연관이 있는 취업규칙 부분은 양수인 사업장에도 그대로 승계된다고 보되, 기업 전체의 질서유지에 관한 취업규칙 부분은 사업의 독자성 유지 여부에 따라 판단해야 할 것입니다. 만약 기업변동에도 불구하고 사업의 본질적인 부분과 독자성이 그대로 유지된다면, 이러한 취업규칙의 부분도 그대로 유지될 것이나 그렇지 않은 경우 소멸되는 것입니다. 결국 분할의 경우, 기존 사업의 본질적인 부분과 독자성이 그대로 유지되는 경우가 일반적인 모습이라고 할 것인바, 취업규칙의 경우도 그대로 유지되는 것을 본래의 효력으로 보아야 할 것이므로 취업규칙 및 사내규정 등은 동일 내용으로 그대로 분할 법인이 사용 가능할 것으로 사료됩니다(물론 신설 법인의 이름으로 제정해야 할 것이고, 취업규칙의 경우 노동부에 신고해야 할 것임).

무엇이든 물어보세요!

Q 분할에 반대하는 근로자들의 경우에도 신설회사로 근로관계가 승계가 되나요?

A 대법원에서는 '회사의 분할이 근로기준법상 해고의 제한을 회피하면서 해당 근로자를 해고하기 위한 방편으로 이용되는 등의 특별한 사정이 있는 경우에는, 해당 근로자는 근로관계의 승계를 통지받거나 이를 알게 된 때부터 사회통념상 상당한 기간 내에 반대 의사를 표시함으로써 근로관계의 승계를 거부하고 분할하는 회사에 잔류할 수 있다'라고 보고, 제한적으로 근로자의 거부권을 인정하고 있습니다. 즉 판례는 회사분할이 정당성을 갖춘 경우, 근로관계의 당연승계를 원칙으로 하고, 부당해고와 같은 위법한 수단으로의 악용 등의 특별한 사정이 있는 경우에만 근로자의 거부권을 인정하는 것으로 판단하고 있습니다. 따라서 회사분할이 정당한 목적을 띠고 정당한 절차를 거쳐 이루어졌다고 한다면 근로자의 반대가 있다고 하더라도 신설회사로 근로관계가 승계되는 것으로 해석해야 할 것입니다.

3

고용노동부 점검
- 두렵고 피하고 싶은 고용노동부 점검 이렇게 대비하자

고용노동부 점검 대비의 중요성

고용노동부 점검은 사업주에게 두렵고 피하고 싶은 대상일 수 있습니다. 그러나 평상시의 적법한 사업장 운영과 지속적인 자기 진단 체크를 통해 충분히 대비할 수 있습니다. 고용노동부는 사전에 근로감독을 예고하고, 서류준비의 시간을 부여한 이후 정해진 일자에 방문하는 것이 일반적인 모습입니다. 사업장 감독이 예정되었다고 한다면 꼼꼼하게 사전체크 해보는 것이 요구되고, 필요한 경우 노무사 등의 조력을 받는 것을 추천합니다.

노동부 점검 – 정기, 수시, 특별 감독

사업장 감독의 절차

감독반 편성 → 감독계획통보 → 감독준비 → 감독실시 → 감독결과보고 → 감독결과조치 → 확인감독

사업장 감독의 종류

구분	정기감독	수시감독	특별감독
정의	사업장근로감독 종합(세부)시행계획에 따라 실시하는 근로감독	법령의 제·개정, 사회적 요구 등으로 정기감독 계획에 반영하지 못한 사항에 대해 별도의 계획을 수립해서 실시하는 근로감독	① 법령·단체협약·취업규칙·근로계약 등 위반으로 인해 노사분규가 발생했거나 발생 우려가 큰 사업장 ② 임금 등을 지급기일 내에 지급하지 않아 다수인 관련 민원이 발생하거나 상습체불 등으로 사회적 물의를 일으킨 사업장 ③ 불법파견,기간제·단시간·파견근로자에 대한 차별적 처우 등으로 사회적 물의를 일으킨 사업장 중 어느 하나에 해당하는 사업장에 대해 노동관계법령 위반사실을 수사하기 위해 실시하는 근로감독
효과	• 위반사항 발견 시 근로감독관집무규정에 기재되어 있는 위반사항 조치기준에 따라 처리 • 즉시 범죄인지 또는 과태료 부과조치 대상 ① 특별감독 결과 위법사항을 확인한 경우 ② 감독실시일 기준 최근 3년간 동일한 사항을 다시 위반한 경우 ③ 근로조건 자율개선을 지원받은 사용자가 점검결과를 허위로 보고한 경우 ④ 고의·중과실로 주요 근로조건을 위반해서 사회적 물의를 일으킨 경우 • 시정대상 위반사항에 대해서는 시정지시서 발부 → 시정 여부 확인감독 실시			

사업장의 주요 점검 체크포인트

NO	구분	사항	점검사항
1	근로계약	근로계약서 작성 및 교부	· 근로계약서 작성 여부 확인 · 고용 형태별 필수 기재사항 확인
2		계약서류 보존	직원명부, 근로계약서, 임금대장, 퇴직서류, 연차대장 등 3년간 보관
3		임금명세서 교부	임금지급시 구성항목, 계산방법, 공제내역 등 필수기재사항 포함 여부

NO	구분	사항	점검사항
4	임금	임금지급	급여 지급 항목의 적법성(통상임금, 평균임금 해당 여부) 매월 급여대장 작성 및 보관 임금 테이블 검토
5		금품 청산	퇴직 후 14일 이내에 임금, 퇴직금 지급 여부
6			
7		연장, 야간, 휴일근로 수당	연장, 야간, 휴일근로 시 가산수당 산정 및 지급의 적정성
8		최저임금	최저임금 미달 여부 확인 수습 기간 동안 최저임금 90% 체크
9	근로시간	근로시간	1일 8시간, 1주 40시간 법정근로시간 출퇴근시간 관리
10		연장근로 제한	1주 12시간 연장근로 한도 준수 법 기준 초과근로자 발생 여부
11		휴게시간	근로시간 4시간에 30분 이상씩 부여 휴게시간 도중 근로 발생 여부
12	휴일휴가	주휴일	소정 근로 개근 시 1주 평균 1회 이상 유급휴일 부여 아르바이트, 시급직 등 비정규근로자에 대한 주휴일 부여 여부
13		관공서 공휴일	관공서 공휴일, 근로자의 날, 기타 약정휴일에 대한 유급휴일 보장 전직원 동일하게 차별 없이 부여했는지의 여부
14		연차유급휴가	직원별 연차 발생 및 미사용 연차 정산 관리 연차사용촉진제도 활용 여부 및 적법한 절차를 거쳤는지의 여부
15	규정	취업규칙	취업규칙 작성 및 신고 법률 개정 반영 최신화 여부

NO	구분	사항	점검사항
16	규정	노사협의회	노사협의회 규정 작성 및 신고 노사협의회 정기 개최 여부
17	교육	직장 내 성희롱 예방	연 1회 이상 법정 의무 교육 교육일지 작성 및 보관 교육자료 보관 및 게시
18		산업안전보건교육	정기교육, 특별교육 등
19		개인정보보호교육	개인정보 관련 업무담당자 대상 교육
20		장애인인식개선교육	연 1회 이상 법정 의무 교육
21		퇴직연금교육	연 1회 이상 법정 의무 교육

무엇이든 물어보세요!

Q 노동부 점검 시 주의해야 할 부분이 있나요?

A 우편, 전화, 팩스 등으로 노동부 점검이 예고되었다면 사전에 자체적으로 진단해볼 필요가 있습니다. 특히 최저임금, 시간외수당 산정, 연차수당 적법성 등 임금과 관련된 부분은 소급해 지급명령이 내려질 경우, 상당한 재정적 부담이 발생할 수 있으므로 꼼꼼하게 살펴보는 것이 필요합니다. 아울러 산업안전보건법 위반이나 기간제근로자의 근로조건 서면명시 위반 등은 시정기간 부여 없이 즉시 과태료 사항에 해당하는바 더더욱 주의할 필요가 있습니다.

4

번거로운 법정의무교육 바로 알기

법정의무교육의 운영

기업에서 매년 받아야 하는 법정의무교육은 연말이 되면 항상 시간에 쫓겨 교육 담당자들을 힘들게 하는 프로그램입니다. 따라서 법정의무교육으로 안내하는 '산업안전보건교육, 직장 내 성희롱 예방교육, 개인정보보호교육, 직장 내 장애인 인식개선교육, 퇴직연금교육' 내용을 미리미리 숙지하고 연초부터 차분하게 교육 계획을 세워나감으로써 한해 교육을 효율적으로 운영할 수 있는 스케쥴 관리가 필요합니다.

법정의무교육의 내용

산업안전보건교육

사업주는 근로자가 안전하게 업무를 수행할 수 있도록 사업장 내 유해·위험요인 및 산재예방을 위한 안전 및 보건 조치 등의 안전보건교육을 실시해야 합니다.

산업안전보건교육은 정기교육과 정기교육 외 특별교육으로 나눌 수 있습니다(산업안전보건교육은 사업장 규모, 업종, 위해 위험요인 등에 따라 교육의 내용과 기준이 달라지므로 보다 구체적인 내용은 반드시 산업안전보건법을 확인하시기 바랍니다).

정기교육

교육 과정	교육 대상	교육 시기	최저 교육 시간			
			일반사업장		50인 미만 도매, 음식, 숙박업	
			산업재해 발생[14]	무재해[15]	산업재해 발생	무재해
정기교육[16]	① 사무직 종사 근로자[17] ② 판매업무에 직접 종사하는 근로자	매분기[18]	3시간	1.5시간	1.5시간	0.75시간
	③ 그 외 근로자[19]	매분기	6시간	3시간	3시간	1.5시간
	④ 관리감독자의 지위에 있는 사람[20]	매년[21]	16시간	8시간	8시간	4시간

14) 산업재해 : 산업안전보건법 제2조 제1호에 따라 노무를 제공하는 사람이 업무에 관계되는 건설물·설비·원재료·가스·증기·분진 등에 의하거나 작업 또는 그 밖의 업무로 인해 사망 또는 부상하거나 질병에 걸리는 것을 말함.
15) 무재해 : 전년도에 산업안전보건법 제2조 제1호에 따른 산업재해가 발생하지 않은 경우
16) 정기교육 : 해당 사업장의 근로자를 대상으로 정기적으로 실시
17) 사무직 종사 근로자 : 생산업무가 이루어지는 건물과 충분한 이격거리를 두고 순수한 사무실 건물에서 서무·인사·경리·판매·설계 등 사무업무만 전담하는 근로자
18) 매 분기 : 개별 근로자의 입사일로부터 3개월
19) 그 외 근로자 : 생산업무 등 현장에 종사하는 근로자, 사무실에서 단순 반복 업무를 하면서 업무 중에 자유롭게 움직이기 곤란한 업무(교대하지 않는 한 자리를 비울 수 없는 업무) 등을 하는 근로자
20) 관리감독자의 지위에 있는 사람 : 사업장의 생산과 관련되는 업무와 그 소속 직원을 직접 지휘·감독하는 지위에 있는 사람
21) 매년 : 관리감독자로 신규 지정된 날로부터 만 1년을 말함.

정기교육 외 특별교육

교육과정	교육대상	교육시간
채용 시 교육[22]	일용근로자	1시간 이상
	일용근로자를 제외한 근로자	8시간 이상
작업내용 변경 시 교육[23]	일용근로자	1시간 이상
	일용근로자를 제외한 근로자	2시간 이상
특별교육[24]	일용근로자(타워크레인 신호작업에 종사하는 일용근로자 제외)	2시간 이상
	타워크레인 신호작업에 종사하는 일용근로자	8시간 이상
	일용근로자를 제외한 근로자	16시간 이상 (단기간 작업 또는 간헐적 작업인 경우 2시간)

직장 내 성희롱 예방교육

직장 내 성희롱 예방교육은 모든 사업장에서 연 1회 정기적으로 실시해야 합니다(위반 시 500만 원 이하 과태료). 다만 상시 10인 미만 사업장 또는 사업주 및 근로자 모두가 남성 또는 여성 중 하나의 성으로만 구성된 경우에는 성희롱 예방의 내용을 근로자가 알 수 있도록 홍보물을 게시하거나 배포하는 방법으로도 성희롱 예방교육을 실시한 것으로 인정받을 수 있습니다.

---

22) 채용 시 교육 : 근로자를 신규로 채용해 직무 배치 전 실시
23) 작업내용 변경 시 교육 : '다른 작업으로 전환할 때' 또는 '작업설비나 작업방법 등의 변경이 있는 때' 등 근로자가 작업을 변경하기 전 실시
24) 특별교육 : 유해하거나 위험한 작업에 채용하거나 그 작업으로 작업내용을 변경할 때 실시

직장 내 성희롱 예방교육 내용에는 '① 직장 내 성희롱에 관한 법령, ② 해당 사업장의 직장 내 성희롱 발생 시의 처리 절차 및 조치기준, ③ 해당 사업장의 직장 내 성희롱 피해근로자의 고충 상담 및 구제 절차, ④ 그 밖에 직장 내 성희롱 예방에 필요한 사항'이 모두 포함되어야 합니다.

직장 내 성희롱 예방교육은 오프라인으로 집합해 대면 교육하는 것이 일반적이나 사업의 규모나 특성 등을 고려해 조회, 회의, 인터넷 등 정보 통신망을 이용한 사이버 교육 등을 통해 실시하더라도 무방합니다.

개인정보보호교육

개인정보보호법에 따라 업무를 목적으로 개인정보파일을 운용하는 사업자, 단체 및 개인은 개인정보의 적정한 취급을 보장하기 위해 개인정보취급자를 대상으로 교육을 실시해야 합니다(교육 미실시 자체에 대한 벌칙은 없고, 만일 개인정보 관련 사고 및 사건 발생 시 최대 5억 원 이하의 과징금이 부과됨).

교육대상은 '개인정보를 처리하는 담당자'로서 통상적으로 개인정보를 취급하는 부서인 인사, 총무, 재무회계, 보안, 전산 등에서 근무하는 직원들이 개인정보보호 교육 대상이 됩니다.

교육회수와 시간은 규정된 것이 없는바 연 1~2회 정도 실시하는 것이 일반적입니다. 교육내용으로 강제되는 사항은 없으나 '① 개인정보 보호의 이해, ② 개인정보의 안전성 확보 조치, ③ 개인정보 처리단계별 보호조치, ④ 개인정보 보호법 위반사례' 등이 교육내용에 포함될 수 있습니다.

개인정보보호교육 또한 온라인을 통한 교육 실시가 가능합니다.

직장 내 장애인 인식개선교육

장애인 근로자의 안정적인 근무 여건을 조성하고 장애인 근로자 채용이 확대될 수 있도록 모든 사업장에서 연 1회 정기적으로 실시해야 합니다(위반 시 300만 원 이하 과태료). 다만, 장애인 고용 의무가 없는 50인 미만 사업주는 고용노동부장관이 보급한 교육자료 등을 배포·게시하거나 전자우편을 보내는 등의 방법으로도 직장 내 장애인 인식개선교육을 실시한 것으로 인정받을 수 있습니다.

직장 내 장애인 인식개선교육 내용에는 '① 장애의 정의 및 장애 유형에 대한 이해, ② 직장 내 장애인의 인권과 장애인에 대한 차별금지 및 정당한 편의제공, ③ 장애인고용촉진 및 직업재활과 관련된 법과 제도, ④ 그 밖에 직장 내 장애인 인식개선에 필요한 사항'이 모두 포함되어야 합니다. 직장 내 장애인 인식개선교육 또한 온라인을 통해 실시가 가능합니다.

퇴직연금교육

퇴직연금제도를 도입한 회사는 연 1회 정기적으로 퇴직연금교육을 실시해야 합니다(위반 시 1,000만 원 이하 과태료). 퇴직연금교육은 회사가 직접 실시할 수도 있으며, 자산운용전문가인 퇴직연금사업자(금융기관)에게 위탁해서 대신 수행하도록 할 수도 있습니다.

퇴직연금교육의 경우 사업주가 직접 교육하기는 쉽지 않고, 퇴직연금사업자에게 위탁할 수 있는 구조이므로 되도록 퇴직연금사업자에게 교육을 위탁하고 주기적으로 교육이 잘 이루어고 있는지 체크하는 방법으로 교육 의무를 이행하는 것이 바람직할 것으로 보입니다.

교육내용

구분	교육내용
제도일반 (공통)	• 급여 종류, 수급 요건, 급여액 등 제도별 특징 및 차이점 • 퇴직, 중요 인출 등 퇴직연금제도의 업무 처리 방법
확정급여형 (DB)	• DB 제도 기본 정보 • 최근 3년간의 부담금 납입 현황 • 회사 내 DB 가입자의 표준적인 급여액 수준 • 직전 사업연도 기준 현재 최소적립금 대비·적립금 현황 • 적립금 운용현황, 운용 목표 등
확정기여형 (DC)· 기업형 퇴직 연금(IRP)	• DC 제도 기본 정보 • 사용자의 부담금 수준, 납입 시기 및 납입 현황 • 안정적인 투자 원칙 • 운용방법별 수익구조, 매도 기준가, 투자 위험 및 수수료 등 투자 상품 확인
확정기여형 (DC)· 기업형 퇴직 연금(IRP)	• 개인형 IRP 기본정보 • 연금 소득세, 퇴직 소득세 등 과세 체계 • 자산·부채관리의 일반적 원칙과 노후설계의 중요성 • 부담금 납입 한도, 급여 종류별 수급요건 및 중도 인출 등 절차 • 운용방법별 수익구조, 매도 기준가, 투자 위험 및 수수료 등 투자 상품 확인

무엇이든 물어보세요!

Q 법정 의무교육의 강사는 누가 할 수 있는 것인가요 ?

A 교육의 종류에 따라 다릅니다. 산업안전보건교육(사업장 소속 관리책임자·감독자 등, 산업안전 지도사 또는 산업위생지도사 등), 직장 내 장애인 인식

개선 교육(한국장애인고용공단 강성양사과정을 수료한 강사), **퇴직연금교육**(퇴직연금 사업자)은 별도의 강사 자격이 필요한 반면, 직장 내 성희롱 예방교육과 개인정보보호교육은 별도의 강사 자격이 필요 없는바 사업장의 지정된 인력 또는 관리자가 교육을 진행할 수 있습니다.

5

채용부터 퇴직까지
개인정보보호법을 준수하자

개인정보 수집·활용은 법 기준에 맞게 실시해야 한다

개인정보란 성명, 주민등록번호 및 영상 등을 통해 개인을 알아볼 수 있는 정보로서 개인정보보호법에 의해 수집·활용이 제한됩니다.

기업은 근로자를 고용하기 위해서는 근로자의 정보를 수집 활용할 수밖에 없는바, 인사·노무관리 담당자는 업무 수행 과정에서 어디까지 수집하고 어떻게 관리할 수 있는지에 대한 혼란이 발생할 수 있으므로 정확한 수집·활용범위를 파악하는 것이 중요합니다.

채용부터 퇴직까지 개인정보수집 범위

채용과정에서의 개인정보수집

개인정보보호법에서는 '정보주체와의 계약 체결을 위해 필요한 경우' 개별 근로자의 동의 없이 개인정보를 수집할 수 있도록 규정하고 있습니다. 따라서 채용과정에서의 개인정보는 개인 동의 없이도 수집할 수 있습니다. 다만, 최소한의 개인정보로 제한하고 있는바 민감정보나 고유식별정보는 개별 근로자의 동의가 있는 경우에 한해 제한적으로 수집할 수 있습니다.

동의 없이 수집가능한 최소한의 개인정보 예시

전형 단계	수집 정보
전 단계 공통	이름, 전화번호, 주소 등
서류전형	학점, 외국어 성적, 자격증, 경력 등
필기전형	필기시험 과목별 성적 등
면접	인성, 경험, 학부 활동, 포부 등
신체검사	직무 수행에 필요한 건강정보 등

수집이 금지되는 개인정보

1. 구직자 본인의 용모·키·체중 등의 신체적 조건
2. 구직자 본인의 출신지역·혼인 여부·재산
3. 구직자 본인의 직계 존비속 및 형제자매의 학력·직업·재산

민감정보, 고유식별정보는 원칙적 수집 금지

- 사상·신념, 노동조합·정당의 가입·탈퇴, 정치적 견해, 건강, 성생활 등에 관한 정보, 유전정보, 범죄경력자료, 신체적·생리적·행동적 특징에 관한 정보로서 특정 개인을 알아볼 목적으로 일정한 기술적 수단을 통해 생성한 정보, 인종이나 민족에 관한 정보
- 주민등록번호, 여권번호, 운전면허번호, 외국인 등록번호

근로계약 시 개인정보수집

근로기준법 등에 따른 법률상 의무를 이행하려는 목적이거나 근로계약의 체결·이행을 위해 필요한 경우라면 개인정보를 수집할 수 있습니다. 따라서 수집 목적을 사전에 근로자에게 안내하고 정상적인 방법으로 개인정보를 수집할 수 있습니다.

근로기준법에 따라 수집이 필요한 경우 예시

구분	근로자명부	임금대장
수집항목	성명, 생년월일, 이력 등	임금과 가족수당 계산의 기초가 되는 사항, 임금액 등

근로 제공 중 개인정보수집

배치전환, 인사평가, 복리후생 제공 등 인사·노무관리를 위해 필요한 거주지·경력·가족관계 등 최소한의 개인정보 수집·이용은 근로자의 동의 없이도 수집할 수 있습니다. 다만 이때에도 민감정보·고유식별정보는 원칙적으로 수집이 금지되므로 노조 가입 여부 등은 근로자 개인의 동의를 받은 경우에 한해 수집할 수 있습니다.

수집된 개인정보는 당사자의 동의 없이 제삼자에게 제공이 금지되는바 동료근로자, 노동조합, 외부기관 등의 요청이 있더라도 근로자 본인의 동의 없이는 제공할 수 없습니다.

퇴직 후 개인정보관리

근로 제공 중 이용하던 개인정보가 근로자의 퇴직으로 인해 더 이상 필요하지 않게 되었을 때는 원칙적으로 지체 없이 개인정보를 파기해야 합니다.

다만, 근로기준법에서는 퇴사한 근로자라고 하더라도 근로자명부, 근로계약서, 근로자명부, 임금대장, 임금에 관한 기초 서류 등을 3년간 보존하도록 의무화하고 있는바, 해당 서류들은 파기하면 안 되고 퇴사근로자의 동의가 없더라도 3년간 보존해야 합니다.

근로기준법에 따라 3년간 보존 의무 서류

근로자명부, 근로계약서, 임금대장, 임금의 결정·지급방법과 임금계산의 기초에 관한 서류, 고용·해고·퇴직에 관한 서류, 승급·감급에 관한 서류, 휴가에 관한 서류, 근로기준법에 따라 서면합의를 요구해 서면합의 한 서류, 연소자의 증명에 관한 서류

무엇이든 물어보세요!

Q 회사 내 CCTV를 설치하는 경우 근로자의 동의를 받아야 하나요?

A 회사 내 설치장소, 설치목적이 무엇인지에 따라 동의를 받아야 하는지의 여부가 달라질 수 있습니다. 고객 상담실이나 출입안내실 등 불특정 다수가 출입할 수 있는 공개된 장소에 CCTV를 설치·운영하는 경우에는 시설안전 등 목적으로 동의 없이 설치할 수 있습니다

반면 비공개 장소인 사무실에 CCTV를 설치·운영하면서 근무자들의 책상 및 컴퓨터 화면까지 찍히도록 해서 근로자 감시 등의 목적으로 촬영하는 경우 개인정보보호법 위반에 해당할 수 있습니다.

Q 입사하기로 한 회사에서 범죄경력을 조회해오라고 하는데 응해야 할 의무가 있을까요?

A 아동·청소년 교육기관, 체육시설, 경비시설, 장애인복지시설 등 법에서 정하는 예외의 경우가 아니라면 일반회사에서 범죄경력을 조회하거나 수집을 요구할 수 없습니다. 이는 개별 근로자의 동의를 얻었다고 하더라도 금지되는 것으로써 2년 이하 징역 또는 2,000만 원 이하 벌금에 처할 수 있어 주의가 필요합니다.

6

임금명세서 교부 의무

임금명세서 교부 의무 시행(2021. 11. 19~)

2021년 11월 19일부터 사용자가 근로자에게 임금을 지급할 때 임금의 구성항목, 계산방법, 공제내역 등을 적은 임금명세서를 함께 발급해 주어야 합니다. 기존에는 계약된 임금이 불투명한 경우가 있었고 심지어 근로자가 본인의 임금을 모르는 경우도 있었던바, 사용자와 근로자가 임금에 대한 정보를 정확히 주고받고 임금체불이 발생할 경우 사용자와 근로자 간 액수 등에 대한 다툼의 소지를 줄이기 위해 임금명세서 교부를 의무화한 것입니다.

교부 의무의 구체적 내용

임금명세서 기재사항

사용자가 근로자에게 교부하는 임금명세서에는 필수기재사항인 다음 사항이 모두 포함되어야 합니다.

① 성명, 생년월일, 사원번호 등 근로자를 특정할 수 있는 정보 - 근로자를 특정할 수 있다면 성명만을 기재하는 것도 가능.

② 임금지급일 - 매월 1회 이상 특정된 날짜를 정해두어야 하며 일반적으로 정기지급일을 말함.

③ 임금 총액 - 근로소득세 등 원천공제 이전(세전) 임금총액을 기재해야 함.

④ 임금의 구성항목별 금액 - 기본급, 연장·야간·휴일근로수당, 가족수당, 식대, 직책수당 등 각종 수당, 상여금, 성과금 등 임금을 구성하는 모든 항목을 포함해야 하며 그 금액도 기재해야 함.

⑤ 임금의 구성항목별 계산방법 - 모든 임금 항목에 대한 산출식 또는 산출방법을 기재할 필요는 없으며, 출근일수·시간 등에 따라 금액이 달라지는 항목에 대해 산출식 또는 산출방법을 작성.

⑥ 공제 항목별 금액과 총액 등 공제내역 - 임금의 일부를 공제한 경우(예컨대 근로소득세, 사회보험료 근로자부담분, 노동조합 조합비 등) 공제 항목별 금액과 총액 등 공제내역을 기재.

임금명세서 교부 방식 및 시기

임금명세서는 서면(종이)으로 작성하는 것 이외에도 전자문서 형식으로 교부하는 것도 가능합니다. 따라서 이메일, 문자, 사내전산망 등을 통한 교부도 유효하게 인정받을 수 있습니다.

가능한 임금명세서 교부 방식(예시)
- 근로자에게 서면 임금명세서 직접 교부
- 전자임금명세서를 작성하고 자동으로 송·수신되도록 구축된 정보처리시스템을 활용해서 전송
- 사내 전산망의 정보처리시스템, 애플리케이션 등을 통한 전달
- 전자임금명세서를 작성하고 공인전자주소, 포털사이트 등에서 제공하는 이메일 등 각종 전자적 방법을 이용해서 전송
- 임금총액 등 근로기준법령상 기재사항을 포함해서 휴대전화 문자메시지로 근로자에게 전송

임금명세서는 근로자에게 임금을 지급하는 때에 교부하면 되는바 임금지급일에 임금을 송금하면서 동시에 임금명세서 교부까지 완료해두는 것이 매달 임금명세서를 잊지 않고 교부할 수 있는 바람직한 방법일 것입니다.

무엇이든 물어보세요!

Q 시급직 아르바이트 1명을 고용 중입니다. 직원이래야 아르바이트 1명인데도 임금명세서 교부를 꼭 해야 할까요?

A 네, 교부해야 합니다. 5인 미만의 사업장이라고 하더라도 근로자를 1명 이상 고용하는 사업장이라면 직원에게 의무로 임금명세서를 교부해야만 합니다.

Q 임금명세서 교부 의무를 지키지 않으면 어떤 불이익을 받게 되나요?

A 임금명세서 교부 의무 위반 시 500만 원 이하의 과태료가 부과될 수 있습니다. 아울러 임금명세서 교부 의무 위반 외에도 명세서 기재사항 중 일부를 누락하거나 상세 기재사항이 사실과 다른 경우에도 과태료가 부과될 수 있어 주의해야 합니다.

임금명세서 의무 위반 과태료 부과기준

임금명세서 발급 위반 시	1차 30만 원/ 2차 50만 원/ 3차 100만 원
필수 기재사항 생략/ 오기재 시	1차 20만 원/ 2차 30만 원/ 3차 50만 원
근로자 1인당 부과, 최대 500만 원까지	

Q 카카오톡이나 문자로 임금명세서를 교부해도 되나요?

A 카카오톡이나 문자로 임금명세서를 교부하는 것도 가능합니다. 임금명세서는 PC, 스마트폰 등 정보처리시스템상 전자문서 생성 전용 프로그램 등을 활용해 작성한 후, 이메일, 카카오톡 등 각종 전자적 방법을 이용해 근로자에게 전송할 수 있습니다.

7

직장 내 성희롱 금지

직장 내 성희롱이란

직장 내 성희롱이란 사업주, 상급자 또는 근로자가 직장 내의 지위를 이용하거나 업무와 관련해서 다른 근로자에게 성적 언동 등으로 성적 굴욕감 또는 혐오감을 느끼게 하거나 성적 언동 또는 그 밖의 요구 등에 따르지 않았다는 이유로 근로조건 및 고용에서 불이익을 주는 것을 의미합니다.

직장 내 성희롱의 구체적 내용

직장 내 성희롱 판단기준

	성적인 언동
육체적 행위	• 입맞춤, 포옹 또는 뒤에서 껴안는 등의 신체적 접촉행위 • 가슴·엉덩이 등 특정 신체부위를 만지는 행위 • 안마나 애무를 강요하는 행위

성적인 언동	
언어적 행위	• 음란한 농담을 하거나 음탕하고 상스러운 이야기를 하는 행위(전화 통화 포함) • 외모를 평가하거나 성적으로 비유하거나 신체부위를 언급하는 행위 • 성적인 사실 관계를 묻거나 성적인 내용의 정보를 의도적으로 퍼뜨리는 행위 • 성적인 관계를 강요하거나 회유하는 행위 • 회식자리 등에서 무리하게 옆에 앉혀 술을 따르도록 강요하는 행위
시각적 행위	• 음란한 사진·그림·낙서·출판물 등을 게시하거나 보여주는 행위 (전화, 문자, SNS, 팩스 등을 이용하는 경우를 포함) • 성과 관련된 자신의 특정 신체부위를 고의적으로 노출하거나 만지는 행위
기타 성희롱 행위	• 그 밖에 사회통념상 성적 굴욕감 또는 혐오감을 느끼게 하는 것으로 인정되는 언어나 행동

직장 내 성희롱 방지를 위한 사업주의 조치

- 직장 내 성희롱 예방교육 실시 – 연 1회 이상 정기적으로 실시가 의무입니다.
- 직장 내 성희롱 예방 지침 마련 – 직장 내 성희롱 예방 지침을 마련하고, 근로자가 자유 롭게 열람할 수 있는 장소에 게시합니다.
- 고객 등에 의한 성희롱 방지 노력 – 사업주는 고객 등에 의한 성희롱 방지를 위해 적절한 조치를 해야 하고, 고객 등에 의한 성희롱 피해자에게 불리한 조치를 해서는 안 됩니다.
- 성희롱 발생 시 지체 없는 조사 – 조사 과정에서 피해근로자가 수치심을 느끼지 않도록 배려해야 합니다.
- 피해근로자 보호 조치 – 성희롱이 확인된 경우 피해근로자가 요청

하면 근무 장소의 변경, 배치 전환, 유급휴가 명령 등 적절한 조치를 해야 합니다.
- 지체 없는 가해자 징계 등 조치 - 성희롱이 확인된 경우 가해자에 대해 징계, 근무장소의 변경 등 필요한 조치를 실시해야 합니다.

직장 내 성희롱 발생 시 사건 처리 원칙 및 절차

① 사건 처리 원칙

- 성희롱 사건 처리의 목적은 피해자가 피해를 복구해 건강하게 업무에 복귀하는 것임을 명심하고, 피해자의 피해 복구를 최대한 도와주어야 한다.
- 신고가 접수된 경우, 우선적으로 성희롱 행위의 즉각 중지 및 피해자의 심리적 안정을 지원할 필요가 있다.
- 성희롱은 행위자·피해자 간의 개인적인 문제가 아니라, 조직문화에 문제가 있는 것이라는 점을 인식해야 한다.
- 성희롱은 법률과 취업규칙에 의해 금지된 행위이며 징계사유이므로, 성희롱 문제는 공식적으로 해결하는 것이 바람직하다는 점을 전사적으로 공유한다.
- 성희롱 사건이 제기되었을 때는 신속하게 사건을 해결해야 한다.
- 성희롱 사건 처리 과정에서 피해자는 물론, 관련자의 신원에 대한 철저한 비밀유지를 해야 한다.
- 성희롱 사건 처리 후, 개인의 인권 보호 차원에서 행위자, 피해자는 익명으로 처리하되, 사내 성희롱 사건의 개요 및 조치사항을 공개해서 사건의 재발을 방지한다.

② 직장 내 성희롱 발생 시 처리 절차

사내 비공식 절차를 통한 해결	고충상담	고충접수 ⇒ 고충상담을 통해 신고인의 요구 내용 정리 및 검토 ⇒ 피신고인에게 요구안 전달 ⇒ 요구안을 받아들이는 경우, 요구안 이행 모니터링 / 받아들여지지 않는 경우, 조정으로 돌입
	조정	당사자들의 의견 청취 ⇒ 당사자들이 원하는 것과 사건 해결의 방향성 파악 ⇒ 해결방안 모색 ⇒ 합의안 도출 ⇒ 이행 모니터링
사내 공식 절차를 통한 해결	사실관계 조사	성희롱심의위원회(성희롱 담당 기구) 구성 ⇒ 사실관계 조사 ⇒ 행위자 및 피해자에 대한 조치 의결
	행위자에 대한 조치	사내 규정에 근거해서 적정한 인사, 징계조치
사건 종료 이후 후속 조치		전 직원에 대한 성희롱 의식 및 실태 조사 성희롱 예방 교육실시 피해자 권리회복을 위한 조치

무엇이든 물어보세요!

Q 직장 내 성희롱 위반 시 벌칙 적용 기준은?

A 직장 내 성희롱 위반 시 벌직은 다음과 같으므로 참고하시기 바랍니다.

성희롱 금지 (제12조)	사업주, 상급자 또는 근로자는 직장 내 성희롱을 해서는 아니 된다.	1,000만 원 이하의 과태료 (제39조 제1항)
직장 내 성희롱 예방교육 (제13조 제1항)	직장 내 성희롱 예방교육을 매년 실시해야 한다.	500만 원 이하의 과태료 (제39조 제2항)
직장 내 성희롱 예방교육자료 게시의무 (제13조 제3항)	성희롱 예방교육의 내용을 근로자가 자유롭게 열람할 수 있는 장소에 항상 게시하거나 갖추어두어야 한다.	500만 원 이하의 과태료 (제39조 제2항)
직장 내 성희롱 조사의무 (제14조 제2항)	직장 내 성희롱 발생 사실을 알게 된 경우에는 지체 없이 조사해야 하며, 이 경우 피해근로자 등이 수치심을 느끼지 않도록 해야 한다.	500만 원 이하의 과태료 (제39조 제2항)
직장 내 성희롱 피해자 보호 (제14조 제4항)	직장 내 성희롱 발생 사실이 확인된 때에는 피해근로자가 요청하면 근무장소의 변경, 배치전환, 유급휴가 명령 등 적절한 조치를 해야 한다.	500만 원 이하의 과태료 (제39조 제2항)
직장 내 성희롱 가해자 조치 (제14조 제5항)	직장 내 성희롱 발생 사실이 확인된 때에는 지체 없이 성희롱 행위를 한 사람에 대해 징계, 근무장소의 변경 등 필요한 조치를 해야 한다.	500만 원 이하의 과태료 (제39조 제2항)
직장 내 성희롱 피해자 불리한 처우 금지 (제14조 제6항)	직장 내 성희롱 신고근로자 및 피해근로자 등에게 불리한 처우를 해서는 아니 된다. 1. 파면 등 신분상실 해당 조치 2. 징계 등 부당한 인사조치 3. 직무 미부여 등 본인의 의사에 반하는 인사조치 4. 성과평가 등 금품 차별 지급 5. 교육훈련 기회 제한 6. 집단 따돌림 등 정신적·신체적 손상 행위 또는 발생 방치 7. 그 밖의 신고근로자 및 피해근로자 의사에 반하는 불리한 처우	3년 이하의 징역 또는 3,000만 원 이하의 벌금 (제37조 제2항)

비밀누설 금지 (제14조 제7항)	직장 내 성희롱 발생 사실을 조사한 사람, 보고 받은 사람, 조사 과정에 참여한 사람 등은 조사과정에서 알게 된 비밀을 피해근로자 등의 의사에 반해 누설해서는 아니 된다.	500만 원 이하의 과태료 (제39조 제2항)
고객 등에 의한 성희롱 방지 (제14조의2제1항)	고객 등에 의한 성희롱 피해자가 고충 해소를 요청할 경우 근무장소 변경, 배치전환, 유급휴가 명령 등 적절한 조치를 해야 한다.	300만 원 이하의 과태료 (제39조 제3항)
고객 등에 의한 성희롱 피해자 불이익 금지 (제14조의2 제2항)	근로자가 고객 등에 의한 성희롱 피해를 입었음을 주장하거나 고객 등으로부터의 성적 요구 등에 불응한 것을 이유로 해고나 그 밖의 불이익한 조치를 해서는 아니 된다.	500만 원 이하의 과태료 (제39조 제2항)

8
직장 내 괴롭힘 금지

직장 내 괴롭힘이란

직장 내 괴롭힘의 개념이 도입된 것은 2019년 7월 16일로 그리 오래되지 않았습니다. 사업장에서 공공연하게 이루어지고 있던 직장 내 괴롭힘에 대한 불만과 저항의 목소리를 반영해서 직장 내 괴롭힘의 개념이 도입되었고 상당히 많은 근로자들이 구제를 받고 있습니다. 그러나 처벌기준이 없어 실효성이 없다는 논란이 있었고 2021년 10월 14일에 법개정을 통해 처벌 규정을 강화해 이를 해결하기 위한 노력을 했습니다. 직장 내 괴롭힘 제도는 제도도입 초기의 미숙한 모습을 개선하는 노력을 하고 있으며, 아직도 진행 중이라고 이해해야 할 것입니다.

직장 내 괴롭힘의 구체적 내용

직장 내 괴롭힘 성립요건

직장 내 괴롭힘에 해당하기 위해서는 다음의 3가지 요건을 모두 충족해야 하므로 다음 요건을 모두 충족하는 사례인지 여부를 바탕으로 사업장 내 실제 케이스별로 판단되어야 합니다.

1) 직장에서의 지위 또는 관계 등의 우위 이용 여부
상하관계, 개인 대 집단, 노동조합 구성원인지 여부 등

2) 업무상 적정범위를 넘었는지 여부
그 행위가 사회 통념에 비추어 업무상 필요성이 인정되지 않거나, 업무상 필요성은 인정되더라도 그 행위 양태가 사회통념에 비추어 볼 때 상당하지 않다고 인정되어야 함. 업무상 주시, 주의·명령에 불만을 느끼는 경우라도 그 행위가 사회 통념상 업무상 필요성이 있다고 인정될 경우에는 직장 내 괴롭힘으로 인정하기 어려움. 그러나 업무상 필요성이 인정된다고 하더라도 사회통념상 상당성을 결여(행위의 양태가 폭행, 폭언인 경우)한 경우는 업무상 적정범위를 넘어선 것임.

3) 신체적·정신적 고통을 주거나 근무환경을 악화시켰는지 여부
행위자의 의도성과 관계없이 신체적·정신적 고통을 주거나 근무환경을 악화시켰는지 여부

직장 내 괴롭힘 방지를 위한 사업주의 조치

- 자율적 대응의 필요성 - 사용자의 배려의무 이행 '사용자에게 요구하는 근로관계에서 비롯한 배려의무로서 근로자의 인격권 보호 및 쾌적한 근로환경 제공의무 존재'
- 직장 내 괴롭힘에 대한 사내 규범 마련 - 취업규칙 필수기재사항인 만큼 취업규칙에 반영해서 규정하거나 직장 내 괴롭힘 금지 규

정, 지침 등의 신설
- 사업주의 정책선언 - 최고경영자의 적극적인 의지 표출로서 직장 내 괴롭힘 근절 메시지 선언
- 직장 내 괴롭힘 발생위험 요인 점검 - 위험요인 발견 시 적절한 조치 (실태조사 + 조직문화, 커뮤니케이션, 업무의 명확성, 권한과 책임의 적절성 등 종합 점검)
- 직장 내 괴롭힘 예방교육 – 정기적으로 직장 내 괴롭힘 예방교육 실시(단, 법정 의무교육에 해당하지는 않으므로 취업규칙 등에 예방교육을 의무로 규정하기 전에는 실시할 의무는 없으며 권고사항임)
- 직장 내 괴롭힘 예방 대응 조직의 지속적 운영, 다양한 방식을 통한 캠페인과 제도 홍보, 주기적인 예방정책 및 제도 평가

직장 내 괴롭힘 발생 시 사건 처리 원칙 및 절차

① 사건 처리 원칙

접근	피해자가 건강한 직장생활을 할 수 있도록 회복시키는 방향으로 접근
피해자 중심	피해자 요구를 바탕으로 일차적 해결방식을 결정 피해자의 신체적·정신적 고충에 관심을 갖고 관리
처리절차	직장 내 괴롭힘 해결 프로세스를 확립하되, 기존 직장 내 성희롱 해결 프로세스가 있다면 활용
2차 피해 예방	상담자, 조사자는 피해자와 관련된 신원에 대해 비밀을 유지해야 함.
담당기구 구성	감당 기구를 미리 정해두되 그 규모는 사업장 규모의 특성에 맞게 정함.
공정성 확보	사건이 공정하게 처리되도록 상담자와 조사자는 가급적 구분하는 것이 바람직
정식 조사	공정성, 전문성 등을 위해 정식조사는 조사위원회 구성이나 노무법인 등 외부기관 위탁을 고려 가능

② **직장 내 괴롭힘 발생 시 처리 절차**

사건접수	신고, 인지		
상담	신고인 및 피해자 상담을 통해 사건개요 및 피해자 요구 파악 →피해자 요구를 바탕으로 해결 방식 결정		
	행위자로부터 분리만을 원하는 경우	행위자의 사과 등 당사자 간 합의를 원하는 경우	회사 차원의 조사를 통한 해결을 원하는 경우
조사	조사 생략	약식조사 후 사업주에게 조사 보고	정식 조사
괴롭힘 사실 확인 및 조치	괴롭힘 상담 보고서를 작성 사업주에게 보고해서 적절하게 조치	행위자에게 피해자 요구 전달 및 합의 도출	행위자에 대한 징계 등 조치
모니터링	합의사항 이행 여부, 피해자에 대한 후속적인 괴롭힘 피해 여부 등		

무엇이든 물어보세요!

Q 직장 내 괴롭힘의 실효성을 위해 처벌기준이 강화되었다는데요?

A 법률개정 이전에는 직장 내 괴롭힘 피해를 호소하는 자에게 오히려 해고 등 불이익처분을 한 경우에만 3년 이하의 징역 또는 3,000만 원 이하의 벌금의 형사처벌 규정만을 두고 있었습니다. 그런데 2021년 10월 14일 법률 개정을 통해 '사용자(친족근로자 등 포함)의 가해

행위 발생 시 1,000만 원 이하 과태료', '사건조사, 피해자보호, 가해자 징계 등 조치의무 미이행 시 500만 원 이하 과태료', '조사내용 누설 시 500만 원 이하 과태료' 기준이 추가되어 법률 준수의 실효성을 높이는 개정이 있었습니다.

9

업무상 재해
- 사업장에서 근무 중 사고가 발생했어요

업무상 재해의 의미

'업무상 재해'란 산업재해보상보험법에 의해 업무상의 사유에 의한 근로자의 부상·질병·장해·사망 등을 말합니다. 사업장에서 사고가 발생하거나 근로자가 업무와 관련해서 질병을 얻은 경우 근로자는 어떠한 보상을 받을 수 있을지, 회사는 어떠한 조치를 취할 수 있는지 실무적으로 이슈가 되는 경우가 많으므로 그에 대한 검토의 필요성이 존재합니다.

업무상 재해의 판단기준

업무상 재해가 인정되기 위해서는 법상 기준을 충족해야 합니다. '업무상 재해의 인정기준'이란 산업재해보상보험상 '업무상 재해를 실제 어느 범위에서 인정할 것인가?'를 정하는 기준을 의미합니다.
이와 관련해서 근로자가 업무상 사고 또는 업무상 질병에 해당하는 사유로 부상·질병 또는 장해가 발생하거나 사망한 경우, 업무상 사고 또는 업무상 질병에 해당하는지의 여부는 구체적 사정을 고려해서 판단하게 됩니다.

업무상 사고는 사고의 발생이 시간적·장소적으로 특정될 수 있기 때문에 그 사고가 업무수행 및 그에 수반되는 통상적인 활동과정 중에 일어난 재해인가를 먼저 판단하고 업무수행성이 인정된다면 업무기인성을 인정해서 업무상 재해로 결정하는 구조를 띠고 있습니다.

업무상 질병의 경우는 업무와 재해 사이에 상당인과관계가 밝혀져야 하며, 그렇지 않은 경우에는 업무상 재해로 인정되지 않습니다. 이때의 상당인과관계는 근로계약에 따른 사업주의 지배관리하에서 수반되는 위험이 현실화된 것으로서 업무상 질병의 구체적인 인정기준이 됩니다. 이러한 업무상 재해가 인정되기 위해서는 근로자의 고의·자해행위 또는 범죄행위로 인한 재해가 아니어야 합니다. 다만 예외적으로 그 재해가 정상적 인식능력이 뚜렷하게 저하된 상태에서 한 행위로 발생한 경우로서 일정한 사유가 있으면 업무상 재해로 볼 수도 있습니다.

실무상 유의사항

업무상 재해가 인정되는 경우 산재보상보험법상의 보험급여를 수급 받을 수 있습니다. 사업장에서 사고가 발생하는 경우에는 회사는 산재보험료 상승을 우려해 근로자와 합의하에 공상처리를 하는 경우들이 종종 있으나 그렇다고 하더라도 추후 근로자가 산재를 신청하는 경우가 있습니다. 문제가 되는 것은 3일 이상 휴업이 필요한 업무상 재해인 경우에는 산업재해조사표를 작성해서 관할 지방노동관서에 보고해야 하는 의무가 있으므로 공상처리만 하고 산업재해조사표를 작성해서 보고하지 않는 경우, 적발 시 산재발생 은폐사업장이 될 수 있다는 점에 유의해야 합니다. 그러므로 업무상 사고가 발생한 경우에는 공상처리가 아닌 가급적 산재 신청을 하도록 하는 것이 바람직합니다.

무엇이든 물어보세요!

Q 산업재해조사표는 반드시 제출해야 하나요?

A 산업재해가 발생한 경우, 발생한 날로부터 1개월 이내에 '산업재해조사표'를 작성해서 관할 고용노동청에 제출해야 하며 위반 시 700만 원에서 1,500만 원의 과태료가 부과됩니다. 다만 운동경기, 체육행사, 출퇴근 사고 등 사업주의 안전보건조치와 관련 없는 사고의 경우에는 산업재해조사표를 제출하지 않아도 되므로 참고하시기 바랍니다.

10

출퇴근 중의 사고도
산재가 되나요?

출퇴근 중 사고의 개념

근로자는 회사에 출퇴근하는 경우 회사가 제공하는 교통편을 이용할 수도 있을 것이나 대부분 대중교통 또는 자신의 승용차를 이용합니다. 과거 사업주가 제공하는 차량을 통해 출퇴근하는 근로자에게 교통사고가 발생하는 경우에는 출퇴근 중 사고로 산재가 인정되었지만, 자신 소유의 승용차를 이용하거나 대중교통을 이용해서 출퇴근하다가 교통사고가 발생한 경우에는 업무상 재해로 인정되기 어려웠습니다. 그러나 최근 법 개정으로 개인차량 또는 대중교통 출퇴근 중 사고가 업무상 재해로 인정될 가능성이 커졌다는 점을 검토할 필요가 있습니다.

출퇴근 중 사고의 산재 인정 요건

출퇴근 중 사고의 산재 인정

출퇴근이란 취업과 관련한 주거와 취업장소 사이의 이동 또는 한 취업장소에서 다른 취업장소로의 이동을 말합니다. 종전에는 출퇴근 중 사고가 업무상 재해로 인정되기 위해서는 사업주가 제공한 교통수단이나 이에 준하는 교통수단을 이용하는 등 사업주의 지배관리하에서 발생한 사고만을 업무상 재해로 인정했습니다. 그러나 이에 대해 헌법재판소가 헌법 불합치 판단을 함에 따라 산업재해보상보험법의 업무상 사고와 관련된 규정이 개정에 이르게 되었습니다. 그에 따라 2018년 1월부터는 대중교통, 자가용, 자전거, 도보 등 다양한 수단을 이용해 '통상적인 경로와 방법으로 출퇴근하는 중의 사고'까지 그 보상범위가 확대되었습니다.

출퇴근 재해 판단 요령

출퇴근 중의 사고라고 해서 모두 산재로 인정되는 것은 아닙니다.
① 자택 등 주거와 회사, 공장 등의 취업장소를 시점 또는 종점으로 하는 이동 행위일 것

> **인정 예시**
> - 거리 사정으로 취업장소 인근에 비연고지 주거를 마련하고 근무가 종료되는 금요일 오후에 취업장소에서 연고지 주거로 바로 퇴근하는 경우
> - 근무가 종료되는 금요일 오후에 퇴근해서 비연고지 주거에 잠시 들러 물건을 챙긴 후 연고지 주거로 퇴근하는 경우

② 출퇴근 행위가 업무에 종사하기 위해 또는 업무를 마친 후에 이루어질 것, 즉 '취업과 관련성'이 있을 것

> **인정 예시**
> - 근로일 날 통상적인 시간대에 주거지를 나와 취업장소로 가는 경우
> - 늦잠으로 인한 지각 또는 러시아워(rush hour)를 피하기 위해 일찍 출근하는 경우

③ 출퇴근 행위가 사회통념상 통상적인 경로 및 방법에 따라 이루어질 것, 즉 '일탈 또는 중단이 없을 것'

> **인정 예시**
> - 평소 지하철을 이용해 출퇴근하는 근로자가 평소와 다르게 버스를 타기 위해 버스 정류장으로 걸어가다가 난 사고도 인정
> - 오토바이를 타고 퇴근하던 중 악천후로 인해 침수된 도로를 우회해서 진행 중 사고도 인정

이 3가지 요건을 모두 충족해야 업무상 재해로서 산재로 인정될 수 있습니다.

출퇴근 재해 발생 시 산재보험료율 인상으로 인해 보험료가 할증될까?

출퇴근 재해의 경우 사업주의 관리소홀이나 사업장 안전으로 인해

발생한 사고가 아니고 관리영역 밖의 사고이므로 산재보험료율에 영향을 미치지 않습니다. 산재보험급여 합산 시 출퇴근 재해는 포함되지 않아 보험료가 할증되지 않습니다.

무엇이든 물어보세요!

Q 음주를 한 상태로 퇴근하다 사고가 나더라도 산재로 인정될 수 있나요?

A 관련 법에서는 범죄행위(음주, 무면허 등)로 인한 출퇴근 사고의 경우는 원칙적으로 산재를 인정하지 않습니다. 따라서 퇴근 중 음주운전 및 그에 따른 과실로 사고가 발생한 경우라면 원칙적으로 업무상의 재해가 인정될 수 없습니다.

11

과로로 인한 뇌출혈도
산재로 인정받을 수 있나요?

질병과 업무의 상당인과관계

뇌혈관질병·심장질병은 기초질병이 서서히 진행되고 자연경과적 변화를 거치는 것이 일반적이므로 업무상 질병으로 인한 산재 인정이 쉽지 않은 것이 현실입니다. 그렇다고 산재를 인정받는 것이 불가능한 것은 아니며, 업무와 질병 사이의 관련성이 있다면 산재로 인정받을 수 있습니다. 이때 업무와 질병 사이의 인과관계는 반드시 의학적으로 명백히 증명되어야 하는 것은 아니고, 법적·규범적 관점에서 상당인과관계가 있다면 인정될 수 있는바 업무와 질병 간의 상당인과관계를 입증하는 것이 가장 중요하다고 할 것입니다.

뇌혈관질병·심장질병의 산재 인정기준

산재 인정을 위한 업무상 부담 요인

뇌혈관질병·심장질병이 산재로 인정받기 위해서는 업무상 부담 요인이 필요한데, '① 돌발적 사건 또는 급격한 업무환경 변화 - 업무와 관련한 돌발적이고 예측 곤란한 정도의 긴장·흥분·공포·놀람 등과 급격한 업무환경의 변화로 뚜렷한 생리적 변화가 생긴 경우, ② 단기간 동안 업무상 부담 - 업무의 양·시간·강도·책임 및 업무환경의 변화 등으로 발병 전 단기간 동안 업무상 부담이 증가해서 뇌혈관 또는 심장혈관의 정상적인 기능에 뚜렷한 영향을 줄 수 있는 육체적·정신적인 과로를 유발한 경우, ③ 만성적인 과중한 업무 - 업무의 양·시간·강도·책임 및 업무환경의 변화 등에 따른 만성적인 과중한 업무로 뇌혈관 또는 심장혈관의 정상적인 기능에 뚜렷한 영향을 줄 수 있는 육체적·정신적인 부담을 유발한 경우'가 뇌혈관·심장질병에 영향을 줄 수 있는 업무상 부담 요인에 해당합니다.

과로의 구체적 판단기준

과로 여부는 객관적인 근무시간, 업무강도, 근무형태, 수면시간, 그밖에 근로자의 연령, 성별, 건강상태 등을 토대로 종합해서 판단하며, 고용노동부 장관 고시에 의하면 과로의 인정기준은 다음과 같습니다.

- 발병 전 12주 동안 업무시간이 1주 평균 60시간(발병 전 4주 동안 1주 평균 64시간)을 초과하는 경우에는 업무와 질병과의 관련성이 강하다고 평가한다.
- 발병 전 12주 동안 1주 평균 업무시간이 52시간을 초과하는 경우에는 업무시간이 길어질수록 업무와 질병과의 관련성이 증가하는 것으로 평가한다. 특히, 다음 각 호의 어느 하나에 해당하는 업무를 수행하는 경우(업무부담 가중요인)에는 업무와 질병과의 관련성이 강하다고 평가한다.
  ① 근무일정 예측이 어려운 업무

② 교대제 업무
③ 휴일이 부족한 업무
④ 유해한 작업환경(한랭, 온도변화, 소음)에 노출되는 업무
⑤ 육체적 강도가 높은 업무
⑥ 시차가 큰 출장이 잦은 업무
⑦ 정신적 긴장이 큰 업무
- 오후 10시부터 익일 6시 사이의 야간근무의 경우에는 주간근무의 30%를 가산해서 업무시간을 산출한다.

'업무상 부담 요인' 판단을 위한 조사 방법

1단계	**업무 세부 내용 조사** 일반적으로 출근해서 퇴근할 때까지 수행하는 업무를 시간 순으로 기술. 고용 계약상 정해진 식사시간과 휴게시간이 있는지의 여부와 준수 가능 여부, 감시단속 업무 해당 여부 조사
2단계	**업무시간조사** 증상 발생일부터 이전 12주간 매일의 업무 시작시간, 종료시간, 주간 휴게시간, 야간 휴게시간, 출장, 일정 변경 상황 등 조사
3단계	**돌발적 사건 또는 급격한 업무환경의 변화** 증상 발생 전 24시간 이내에 업무와 관련된 돌발적이고 예측 곤란한 사건의 발생과 급격한 업무환경의 변화 여부
4단계	**단기간 동안 업무상 부담** 발병 전 1주일 이내의 업무의 양이나 시간이 이전 12주(발병 전 1주일 제외)간에 1주 평균보다 30% 이상 증가되거나 업무강도, 책임 및 업무환경 등의 변화 여부
5단계	**만성적인 과중한 업무** 발병 전 12주간 연속적으로 과중한 육체적·정신적인 부담을 발생시켰다고 인정되는 업무적 요인이 있었는지의 여부

6단계	**업무부담 가중요인** 근무일정 예측이 어려운 업무, 교대제 업무, 휴일이 부족한 업무, 유해한 작업환경에 노출되는 업무, 육체적 강도가 높은 업무, 시차가 큰 출장이 잦은 업무, 정신적 긴장이 큰 업무

무엇이든 물어보세요!

Q 우울증 등으로 인한 자살의 경우에도 산재가 인정될 수 있나요?

A 우울증 등으로 인한 자살과 업무연관성의 인과관계를 입증하기는 쉽지 않으나 입증이 가능하다면 산재로 인정될 수 있습니다. 관련 법률에서는 '① 업무상의 사유로 발생한 정신질환으로 치료를 받거나 받고 있는 사람이 정신적 이상 상태에서 자해행위를 한 경우, ② 업무상의 재해로 요양 중인 사람이 그 업무상의 재해로 인한 정신적 이상 상태에서 자해행위를 한 경우, ③ 그 밖에 업무상의 사유로 인한 정신적 이상 상태에서 자해행위를 했다는 것이 의학적으로 인정되는 경우' 산재가 인정될 수 있다고 규정하고 있는바 이를 참고해서 인과관계를 입증하는 노력이 필요할 것입니다.

IX
취업규칙을 작성해서 사업장의 기준을 세우자

1

취업규칙이란?

취업규칙의 의미

취업규칙이란, 회사의 전 직원에게 적용되는 공통된 룰로서 상시근로자수가 10인 이상이라면 취업규칙 작성이 의무화되며 작성된 취업규칙은 개별 근로계약보다 우선하는 효력이 있습니다.

내용

기업을 경영하기 위해서는 회사에 적용되는 통일적 규칙을 제정하는 것이 합리적일 것입니다. 만약 전 직원에게 적용되는 통일적 규칙이 없다면 직원 개개인의 근로조건, 상벌, 복리후생 등이 상이할 것이고, 그로 인해 직원들의 불만이 발생할 수 있는 것입니다. 그러한 회사의 룰을 모아서 규정으로 만든 것이 바로 취업규칙입니다.

근로기준법은 제9장에서 취업규칙의 작성·신고의무, 작성·신고에 있어서 근로자의 참여의무, 취업규칙의 게시·비치의무를 규정하고 있습니다. 실무적으로 사규, 인사규정, 운영규정, 복무규정, 임금규정, 상여금규정 등으로 불리고 있으나 명칭과 관계없이 사업장의 전 근로자에게 적용되는 근로조건 등을 포함하고 있다면 취업규칙이라고 해석합니다.

취업규칙의 제정

회사의 직원수가 10인 이상이라면 취업규칙을 제정해야 하는 의무가 있는바 반드시 취업규칙을 만들어야 하며, 위반 시 500만 원 이하의 과태료가 부과될 수 있습니다. 따라서 사업을 운영하던 도중 직원수가 10인을 넘어가게 되거나 사업 개시 시에 10인 이상의 직원으로 시작하는 경우 취업규칙을 제정해서 사업을 영위해야 할 것입니다.

취업규칙을 제정함에 있어서는 근로자 과반수의 의견청취가 필요합니다. 따라서 예컨대 사업장에 근로자수가 20명이라고 한다면 10명+1명, 총 11명의 근로자 의견청취를 통해서 취업규칙의 제정이 가능합니다.

취업규칙은 근로계약서보다 우선하는 효력을 갖으나 법률, 단체협약보다는 우선할 수 없으므로 법률, 단체협약에 반하는 취업규칙은 제정할 수 없습니다.

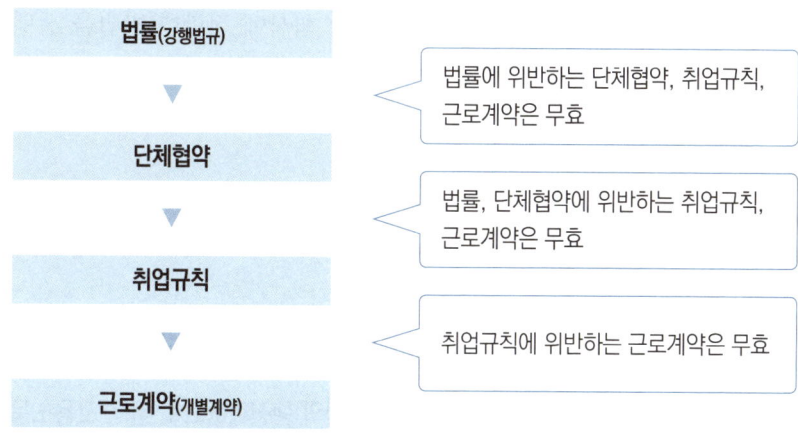

따라서 근로계약 중 취업규칙의 기준에 미달하는 부분은 취업규칙에서 정한 근로조건이 적용되는데, 다만 근로계약 자체가 무효인 것은 아니고 취업규칙상의 기준에 미달하는 부분만 무효가 됩니다.

아울러 제정된 취업규칙은 근로자들에게 주지시켜야 하는 의무가 발생하므로 회사에서는 직원들이 취업규칙의 내용과 변경에 대해 알 수 있도록 주지시킬 방법을 강구해두어야 합니다.

취업규칙 주지 방법

취업규칙을 근로자들에게 주지시킴에 있어서 여러 가지 방법이 고려될 수 있습니다. 먼저, 작업장의 게시판 등 알기 쉬운 장소에 취업규칙을 게시해서 직원들이 손쉽게 접근할 수 있는 방법이 있습니다. 다음으로 직원 개개인에게 서면으로 교부하는 방법이 있습니다. 마지막으로 회사 사내 게시판에 전산화해서 게시하는 것도 취업규칙 게시방법으로 선택할 수 있습니다. 해당 방법 중 회사에 적합한 방법을 선택해서 운영할 수 있습니다.

무엇이든 물어보세요!

Q 우리 회사는 이번에 직원이 10명이 넘었는바 취업규칙을 제정해서 직원들에게 주지시켜주었습니다. 그런데 담당 직원의 행정미숙으로 아직 고용노동부에 신고하지 못했습니다. 그래도 법에서 정한 취업규칙으로 인정받을 수 있을까요?

A 취업규칙 신고의무 위반은 행정적 절차에 해당하는바 취업규칙의 본질적 효력에는 영향을 미치지 못합니다. 다만 행정적 절차 위반에 따른 500만 원 미만의 과태료 처분에 해당할 뿐입니다. 따라서 고용노동부에 취업규칙 신고를 하지 못했다고 하더라도 직원들 과반수 의견청취 절차를 거쳐 주지시켰다면 그 취업규칙은 유효하고 효력이 발생합니다.

2
취업규칙 신고 절차

취업규칙 신고 의무

근로기준법 제93조에서는 상시근로자수 10인 이상 사업자는 취업규칙을 작성해서 노동부장관에게 신고하도록 규정하고 있습니다. 따라서 상시근로자수 10인 이상의 사업장은 반드시 취업규칙을 관할 고용노동부에 신고해서 법 위반을 피해야 할 것입니다.

취업규칙 신고 방법

취업규칙 최초 신고

- 정의 : 처음으로 제정한 취업규칙을 신고(관할 지방 고용노동관서)
- 특이사항 : 상시근로자 수 10인 이상 사업장은 의무사항
- 필요서류 : 취업규칙 신고서(온라인 신청은 불필요), 최초 취업규칙, 근로자 과반 의견청취서

취업규칙 변경신고

- 정의 : 개정한 취업규칙을 신고(관할 지방 고용노동관서)
- 특이사항 : 상시 근로자 수 10인 이상 사업장은 의무사항
- 필요서류 : 취업규칙 신고서, 개정된 취업규칙 변경비교표, 의견청취 또는 동의서(근로자에게 불리하지 않은 변경의 경우 의견청취서, 근로자에게 불리한 변경의 경우 동의서)

취업규칙 신고 필수서류

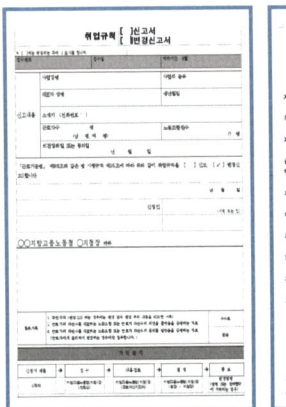 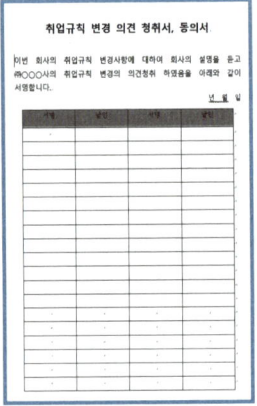

무엇이든 물어보세요!

Q 취업규칙 신고 시점은 언제이고, 미신고 시 벌칙이 바로 적용되나요?

A 취업규칙은 상시근로자가 10인 이상이 되는 시점에 즉시 신고하는 것이 원칙으로서, 판례 또한 10인 이상이 되는 시점에 즉시 신고하지 않았다면 근로기준법 제93조의 취업규칙 작성·신고 의무 위반

으로 보고 있습니다. 다만, 실무적으로는 행정적인 미숙으로 10인 이상이 된 시점에 곧바로 신고하지 못하고 그 이후에 신고했더라도 벌칙을 곧바로 적용하지는 않습니다. 만약 노동부 점검 시 취업규칙 미신고가 적발된 경우에도 시정기간이 부여되는바 시정기간 내에 신고하게 된다면 과태료 등의 벌칙규정은 적용되지 않으므로 참고하시기 바랍니다.

3
취업규칙의 기재사항과 신고 대상

취업규칙 기재사항

취업규칙에 포함할 내용은 기재 의무가 있는 필요적 기재사항과 선택이 가능한 임의적 기재사항으로 구분할 수 있으며, 취업규칙을 제정 또는 개정하는 경우에는 '변경신고서, 취업규칙(변경비교표), 과반수 의견 청취서(동의서)'를 관할 고용노동부에 제출해야 합니다.

취업규칙 기재사항의 구분

취업규칙의 기재사항에는 반드시 취업규칙에 기재해야 하는 필요적 기재사항과 그 밖에 사용자가 임의로 기재할 수 있는 임의적 기재사항으로 구분됩니다.

필요적 기재사항은 근로기준법에서 규정하고 있고 취업규칙을 작성한 이상 규정된 내용은 반드시 포함되어야 하며, 만약 누락되어 있다면 고용노동부의 지적을 받고 500만 원 이하의 과태료 처분을 받을 수 있습니다.

필요적 기재사항 이외 회사의 사정에 맞게 추가하고자 하는 내용이 있다면 법령이나 단체협약에 위반하지 않는 한 임의적으로 기재가 가능하며, 이는 임의적 기재사항으로 분류할 수 있습니다.

공통적으로 반드시 기재 사항	선택에 따라 시행 시 기재 사항
• 근무시간, 휴게시간, 휴일, 휴가 • 임금 결정·계산·지급 방법, 임금의 산정 기간·지급시기 • 퇴직급여, 최저임금 • 퇴직에 관한 사항 • 육아휴직 등 모성 보호 관련 사항 • 안전과 보건에 관한 사항 • 업무상 재해와 부조 • 제재에 관한 사항 • 그 밖에 근로자 전체에 적용될 사항	• 교대근로 • 승급에 관한 사항 • 가족수당 계산·지급 방법 • 상여금에 관한 사항 • 근로자의 식비, 작업용품 • 교육시설 • 성별 등 특성에 따른 환경 개선사항 • 업무 외의 재해와 부조 • 표창에 관한 사항

취업규칙 신고 범위

회사에는 취업규칙, 임금규정, 인사규정, 복무규정 등 다양한 이름의 근로조건과 관련된 규정들이 존재합니다. 해당 규정들은 명칭에 상관없이 모두 취업규칙으로 볼 수 있으나, 여러 개의 규정을 전부 신고할 필요는 없고 대표적인 규정을 정해 해당 규정만 신고하면 됩니다. 따라서 취업규칙, 임금규정, 인사규정, 복무규정 등 중에서 대표적으로 1개(보통 취업규칙이라는 명칭이 사용된 규정을 신고)의 규정을 정해서 신고하면 됩니다.

취업규칙 작성 시 주의사항

- **기업의 특성과 환경을 반영**
다른 회사의 취업규칙을 그대로 모방해서 사용하지 말고, 표준화된 취업규칙을 기본으로 작성하더라도 기업의 현실에 맞게 수정해서 작성할 것

- **노사의 공존·공영을 목적으로 작성**
취업규칙은 복무규율과 근로조건에 관해 작성한 획일적 규범으로서 형식적인 서류가 아닌 기업의 질서를 규율하는바 근로자의 단체적 의사를 반영해서 근로조건과 복무규율을 기재할 것

- **법령이나 단체협약의 준수**
취업규칙은 법령이나 단체협약에 어긋나서는 안 되므로 취업규칙 작성 시 사전 체크할 것

- **취업규칙과 근로계약**
취업규칙에서 정한 기준을 미달하는 근로계약은 그 부분에 대해 무효로 하고 취업규칙의 기준을 따를 것

- **근로자의 동의 및 첨부 서면**
취업규칙의 작성·변경 시 과반수 근로자(과반수 노조가 있는 경우 그 노조)의 의견을 청취하고, 불이익 변경일 경우에는 과반수 동의를 얻으며, 고용노동부 신고 시 서면으로 첨부할 것

무엇이든 물어보세요!

Q 경기도 하남시에 소재한 회사인데요. 이번에 취업규칙을 신고하고자 하는데, 어디에 어떻게 하면 되나요?

A 취업규칙은 관할 고용노동부에 신고하도록 되어 있어, 경기도 하남시 관할인 성남지방노동지청의 근로개선지도과에 신고하면 됩니다. 방문 또는 우편 접수가 가능하며, '취업규칙변경신고서, 취업규칙(변경비교표),[25] 과반수 의견 청취서(동의서)[26]를 제출하면 됩니다.

---

25) 취업규칙 제정의 경우 '취업규칙', 변경의 경우 '변경비교표'
26) 불이익하지 않은 변경의 경우 '청취서', 불이익한 변경인 경우 '동의서'

4

취업규칙의 변경
- 불리한 변경과 불리하지 않은 변경

취업규칙 변경 시 정해진 절차를 거쳐야 한다

취업규칙을 제정함에 있어서는 직원 과반수 의견 청취로서 가능하고 직원들의 동의는 요하지 않습니다. 그러나 한번 제정된 취업규칙을 변경하고자 하는 경우에는 그 변경의 내용이 직원들에게 불리한 변경인지 여부에 따라 변경 절차가 달라지게 되고, 만약 불리한 변경인 경우에는 직원들 과반수 동의라는 꽤 엄격한 절차를 따라야 하는바 취업규칙을 제정함에 있어 신중함이 요구됩니다.

불리한 변경인지 여부 판단

불리한 변경의 판단 원칙

임금, 근로시간, 휴일, 휴가 등 근로조건의 내용이 기존 취업규칙보다 직원들에게 불리한지, 불리하지 않은지에 대한 판단이 선행되어야 합니다. 법원과 고용노동부는 '불이익 변경 여부의 판단'에 대해 사회통념상 합리성이 있는지의 여부, 변경의 취지와 경위, 취업규칙 각 규정의 전체적인 체제 등 제반사정을 종합해서 판단해야 함을 요구하고 있습니다. 근로자가 주관적으로 불이익한 변경이라고 느끼더라도 사회통념상 그 변경이 합리적인 것이라면, 불이익 변경으로 취급할 수 없다는 취지로서 객관적 기준의 판단을 요구하고 있습니다.

① 불이익 변경으로 보는 경우

- 직제 변경, 조직 구조 개편 : 기업 경영 차원에서 근로자들이 적정한 운영과 배치를 위한 기준을 삼기 위해 부서별·직급별로 배치할 정원의 기준을 정해둔 것에 불과하므로 원칙적으로 사용자의 경영권에 속하고 취업규칙에 해당하지 않음. 다만 직제 변경, 조직 구조 개편으로 전체적으로 근로자의 직급이 하향 조정되어 임금 등 기존의 근로 조건이 직접적으로 저하되는 경우 동의를 얻어야 할 것임(2008. 4. 29, 근로조건지도과-1153).
- 기존보다 낮은 직무등급을 신설하는 경우 : 일정 직위(예 : 소속장급)를 담당할 수 있는 직무등급(A1, A2, B1, B2)에 그보다 연봉액이 낮은 새로운 등급(Ba)을 추가해서 기존의 직무등급에 소속된 근로자를 신설된 등급으로 배치할 수 있도록 정하고, 실제로도 특정한 근로자가 회사 측이 정한 일정한 사유(업적 부진, 능력 부족 등)에 해당한다는 이유만으로 구체적인 징계절차 등이 없이 해당 신설 직무등급으로 발령해 결과적으로 임금이 삭감(약14%)되었다면 불이익 변경으로 볼 수 있을 것임(2006. 2. 16, 근로기준팀-750).
- 정년 단축 시 기존 직원과 신규 직원의 차등 적용 : 취업규칙을 변경해서 근로자의 정년을 단축하는 것은 그 단축되는 범위가 일부 직급에만 해당된다고 하더라도 취업규칙의 불이익 변경으로 볼 수 있을 것이나(근로기준과-1296, 2004. 3. 16 참조), 취업규칙을 변경하면서 경과규정을 두어 단축된 정년을 신규 입사자에 대해서만 적용하는 경우에는 기득의 이익을 침해하는 취업규칙의 불이익 변경이라 볼 수 없다고 보아야 할 것임(대판 94다

30638, 1996. 4. 26 참조).
- 직급정년에 도입 : 당초에 일반정년제를 정해서 시행하고 있는 사업장에서 직급정년제를 추가로 도입하는 경우에는 취업규칙을 근로자에게 불리하게 변경하는 것으로 볼 수 있으므로 적법한 취업규칙 불이익 변경 절차를 거치지 아니하면 그 효력이 인정될 수 없고, 그 직급정년을 이유로 일반 정년 도래 전에 조기에 퇴직하도록 하는 것은 해고에 해당하며, 일반적으로 일정 기간 내에 상위직급으로 승진하지 못한 것만을 이유로 해고하는 것은 사회통념상 일반적이고도 객관적인 타당성이 있다고 보기 어려워 정당성이 인정될 수 없다고 사료됨(근기 68207-1571, 2001. 5. 16 참조).
- 내규의 취업규칙 해당 여부 및 내규 규정의 변경 방법 : '○○직원인사관리시행내규'나 '○○직원인사및운영내규'가 임금·퇴직금 등 근로조건과 근로자의 복무규율에 관한 규정 등을 포함하고 있다면 이는 근로기준법상 취업규칙에 해당한다고 볼 수 있고, 따라서 사용자가 일방적으로 내규에 규정된 관리사무소장의 근무가능 상한 연령을 65세에서 63세로 저하시키는 것은 취업규칙의 불이익 변경에 해당하므로 근로자 과반수(근로자 과반수로 조직된 노동조합이 있을 경우에는 그 노동조합)의 동의를 얻지 못한 경우 그 효력이 인정될 수 없음(2004. 8. 17, 근로기준과-4310).
- 통상근로자의 교대제 근무형태로의 변경 방법 : 취업규칙에서 통상근무자와 교대제근무자의 근무형태에 관해만 규정하고 있는 상태에서 개별 근로계약으로 근무형태를 결정하고 장기간 근무해왔다면 개별 근로계약의 변경 없이 사용자가 일방적으로 근무형태를 변경할 수는 없다고 사료됨. 다만, 취업규칙 개정을 통해 직종별 근무형태를 새로이 정해 통상근무를 해온 특정 직종 근로자를 교대제근무자로 변경하는 것은 가능할 것이나, 이 경우에는 생활리듬의 파괴 등을 고려할 때 근로자에게 불이익한 변경에 해당하므로 근로기준법 제94조에 의한 불이익 변경 절차를 거쳐야 할 것임. 다만 변경된 취업규칙의 내용이 단체협약에 반할 경우에는 효력이 없다고 사료됨(2003. 7. 23, 근기 68207-935).

- 평가제도 도입에 따른 상여금 차등 지급 방법 : 개인 업적 평가에 따른 상여금 차등지급(PLUS-SUM방식)으로의 변경이 일부 근로자에게 유리하고 일부 근로자에게는 불리한 것인 때는 불이익 변경으로 보아야 하며, 근로자의 과반수로 조직된 노동조합이 있으면 그 노동조합, 없으면 근로자의 과반수의 동의를 얻어야 할 것임. 한편, 귀 질의와 같이 변경된 취업규칙이 노동조합에 가입할 수 없는 1급 및 2급 직원에 대해서만 적용되는 경우라면 근로자의 과반수로 조직된 노동조합이 있는 경우에도 동 노동조합이 1급 및 2급 직원에 대해 대표권을 행사할 수 있는 지위에 있다고 보기 어려울 것이므로 이 경우 당해 1급 및 2급 직원을 대상으로 그 과반수의 동의를 얻어야 할 것임(2002. 8. 20, 근기 68207-2775).

② 불이익 변경으로 보지 않은 경우

- 기존 징계 규정을 세분화, 구체화하는 경우 : 개정 인사규정이 포괄적·추상적으로 규정되어 있던 개정 전 인사규정의 징계사유와 징계종류를 세목화해서 상세히 규정한 것에 불과하다는 이유로 근로자에게 불이익하게 변경된 것이 아니라고 판시함.(대판 1999. 6. 22, 98두6647).
- 정년 연장 시 연장된 기간에 대한 임금 책정 : 정년을 55세에서 58세로 3년 연장하되, 연장된 기간 중 임금을 정년 당시의 70% 수준으로 지급하는 것과 같이 정년이 연장된 기간에 한해 임금 수준을 종전보다 저하시키는 경우에는 종전에 비해 근로자에게 불이익하다고 볼 수 없으므로 달리 볼 사성이 없는 한 취업규칙 변경 시 근로자의 집단적 방식에 의한 동의를 얻어야 하는 것은 아니라고 사료됨(2002. 6. 8, 근기68207-2163).
- 누진제 퇴직금을 비누진제로 바꾸면서 유리한 조건도 있는 경우 : 누진제 퇴직금 지급규정이 비누진제로 변경되었으나, 동 취업규칙 변경에 임금인상, 근로시간의 단축 등 근로자에게 유리한 부분도 포함되어 근로조건의 내용이 근로자에게 일방적으로 불이익하게 변경되었다고 단정할 수 없을뿐더러 노동조합 대의원에서 이에 관한 권한을 위임받은 위 조합운영위

원회가 비누진제를 받아들이기로 결의했다면 이는 유효함(대판 1984.11.13, 84다카414).
- 연장근로 축소 시 근로조건 불이익 변경 여부 : 사용자가 경영상의 이유 등으로 법정근로시간을 초과하는 연장근로를 축소 또는 폐지하는 것은 근로조건의 불이익 변경에 해당하지 않으므로 그에 따른 취업규칙 변경 시 근로기준법 제94조 단서에 의해 근로자의 집단적 동의를 얻을 필요가 없고 의견만 청취하면 될 것으로 사료되며, 사용자가 기왕에 실시하던 연장근로를 폐지하겠다는 의사표시를 분명히 하고 노무수령 거부 등 실제 연장근로를 시키지 않았다면 연장근로수당을 지급할 필요가 없음(2003. 3. 13, 근기68207-286).
- 교대제 변경으로 인한 실근로시간 단축의 불이익 변경 여부 : 교대제 근로형태의 변경이 근로기준법 제94조 제1항 단서규정의 "근로자에게 불이익하게 변경하는 경우"에 해당하는지 여부는 그 변경의 취지와 경위, 취업규칙의 각 규정의 전체적인 체제 등 제반사정을 종합해 구체적으로 판단되어져야 할 것이나, 교대제 근로 형태를 3조 3교대제에서 4조 3교대제로 변경하는 경우, 실근로시간의 단축으로 연장근로가 줄게 되어 기존 3조 3교대제하에서 지급받던 연장근로수당이 감소하게 되나, 소정근로시간이 단축되고, 소정의 근로에 대한 기존의 임금은 감소되지 않는다면 이와 같은 제반사정을 볼 때 근로조건의 변경내용이 근로자에게 불이익한 변경에 해당하는 것으로 볼 수는 없음(1994. 11. 4, 근기 68207-1732).

변경 절차(집단적 의사 결정 방식)

취업규칙이 작성·변경되었으면 근로자 측의 의견을 들어야 합니다. 이 경우, 근로자 과반수로 조직된 노동조합이 있는 경우에는 그 노동조합, 그러한 노동조합이 없으면 근로자 과반수의 의견을 들어야 합니다.

먼저, 과반수 이상의 노동조합이 있는 경우라고 한다면 노동조합의 대표자(위원장)가 서명하면 효력이 발생합니다. 여기서의 노동조합은 기업별·산업별·지역별이든 관계가 없으며 그러한 단위노동조합의 지부·분회·지회 등 산하조직은 권한을 위임받지 않는 한 의견청취·동의에 대한 주체가 될 수 없습니다.

다음으로 근로자의 과반수로 조직된 노동조합이 없는 경우에는 '근로자 과반수'의 의견을 듣거나 동의를 받아야 합니다. 여기서의 과반수는 '집단적 의사결정방법에 의한 과반수'를 의미합니다. 따라서 근로자들의 회의방식에 의한 과반수의 동의가 필요한데 '회의방식에 의한 동의'라 함은 사업 또는 한 사업장의 기구별 또는 단위 부서별로 사용자 측의 개입이나 간섭이 배제된 상태에서 근로자 간에 의견을 교환해서 찬반을 집약한 후, 이를 전체적으로 취합하는 방식을 의미합니다.

- 이사회 결의의 효력 : 취업규칙을 불이익하게 변경하면서 집단적 의사결정방법에 의한 동의 대신에 이사회의 결의와 간부 직원들의 동의를 얻은 경우, 이를 취업규칙의 불이익 변경에 대한 근로자 측의 동의를 얻은 것으로 볼 수 없다.
- 노조 대표자의 동의 : 동의는 법령이나, 단체협약 또는 노동조합의 규약 등에 의해 조합장의 대표권이 제한되었다고 볼 만한 특별한 사정이 없는 한 조합장이 노동조합을 대표해서 하면 되는 것이지 노동조합 소속 근로자의 과반수의 동의를 얻어서 해야 하는 것은 아니다.

- 개별 동의와 집단 동의 : 취업규칙의 불이익 변경에 근로자집단의 동의를 얻지 않은 경우에는 개인적으로 이에 찬성한 근로자에게도 구속력이 없고 반대로 집단의 동의를 얻은 경우에는 이에 찬성하지 않은 근로자에게도 구속력이 미친다.

무엇이든 물어보세요!

Q 저는 제조업에서 관리직 부장으로 근무하고 있는 55세 직원입니다. 회사에서는 60세부터 58세 직원에 대해 임금피크제를 도입하고자 하는데 신입사원부터 올해 정년인 직원까지 모두를 대상으로 집단적 동의를 구하고 있습니다. 임금피크제가 당장 적용되지 않는 직원들의 찬성률이 높아 걱정입니다. 저처럼 곧 임금피크제 대상인 자들을 대상으로 동의를 구해야 하는 것 아닌지요?

A 임금피크제 도입은 임금이라는 근로조건의 불이익 변경이 발생하는바 근로자 과반수 동의를 얻어야 하는 사안으로서 적용 대상자의 과반수 동의를 얻어야 합니다. 이때 적용 대상자란, 지금 당장 적용되는 자만을 의미하는 것이 아닌 추후 적용이 예상되는 자를 의미합니다. 따라서 신입사원으로서 임금피크제를 당장 적용받지 않는 자라고 하더라도 추후 적용 대상에 해당하는바 집단적 동의의 대상에 해당합니다. 따라서 귀하뿐만이 아닌 신입사원까지도 동의 대상에 해당한다고 할 것입니다.

돈이 되고 빨라지는 노동법

제1판 1쇄 2024년 1월 15일

지은이 유재관
펴낸이 한성주
펴낸곳 ㈜두드림미디어
책임편집 최윤경, 배성분
디자인 김진나(nah1052@naver.com)

㈜두드림미디어

등 록 2015년 3월 25일(제2022-000009호)
주 소 서울시 강서구 공항대로 219, 620호, 621호
전 화 02)333-3577
팩 스 02)6455-3477
이메일 dodreamedia@naver.com(원고 투고 및 출판 관련 문의)
카 페 https://cafe.naver.com/dodreamedia

ISBN 979-11-93210-39-0 (13360)

책 내용에 관한 궁금증은 표지 앞날개에 있는 저자의 이메일이나 저자의 각종 SNS 연락처로 문의해주시길 바랍니다.

책값은 뒤표지에 있습니다.
파본은 구입하신 서점에서 교환해드립니다.